U0125095

周良霄 著

上海古籍出版社

图书在版编目(CIP)数据

忽必烈/周良霄著.--上海:上海古籍出版社,
2023.01
　　ISBN 978－7－5732－0461－5

　　Ⅰ.①忽…　Ⅱ.①周…　Ⅲ.①忽必烈(1215－1294)
－人物研究　Ⅳ.①K827＝47

　　中国版本图书馆 CIP 数据核字(2022)第 188598 号

忽必烈

周良霄　著

上海古籍出版社　出版发行

(上海市闵行区号景路 159 弄 1－5 号 A 座 5F　邮政编码 201101)
　(1) 网址：www.guji.com.cn
　(2) E-mail：guji1@guji.com.cn
　(3) 易文网网址：www.ewen.co
江阴市机关印刷服务有限公司印刷

开本 890×1240　1/32　印张 8.875　插页 3　字数 137,000
2023 年 1 月第 1 版　2023 年 1 月第 1 次印刷
印数：1—3,100
ISBN 978－7－5732－0461－5

K·3273　定价：48.00 元
如有质量问题,请与承印公司联系

忽必烈像

［元］刘贯道 《元世祖出猎图》 现藏「台北故宫博物院」

内容提要

忽必烈是中国和蒙古族历史上的重要人物。他顺应当时社会发展的需要，完成了蒙古族从早期的游牧奴隶主到中原封建主的飞跃，创建元王朝，并统一全国。他的活动，对中国疆域的奠定，多民族大家庭的发展，以及中外经济文化的交流，都有巨大的影响。本书充分肯定了忽必烈在上述诸方面的历史功绩；同时，也详细地分析了在他治下的蒙古贵族、色目人及汉人官员间相互倾轧、争夺的政治升沉，以及他纵横捭阖的政治权术。

本书是我国第一部系统地研究忽必烈的专著，同时也是探讨元朝政治史的一项重要成果。

目　录

第一章　从成吉思汗到蒙哥

一、成吉思汗的遗产

1224年初春，成吉思汗结束了著名的西征，班师东还的途中，他的留居在蒙古草原的亲属们专程远道前来迎接。他们中包括成吉思汗的幼子拖雷的两个儿子——一个是日后元王朝的创建者世祖忽必烈，当时年十一岁；另一个是波斯伊利汗国的奠基者旭烈兀，九岁。这一行人伴随成吉思汗边走边游猎，在乃蛮境山羊林①的一次围猎中，忽必烈射到一只野兔，旭烈兀射到一只山羊。按照突厥-蒙古人的风俗，孩子第一次在行猎中射获野物时，要举行称之为牙黑剌迷失的隆重仪式，将猎物的鲜血拭在拇指上。这次仪式由成吉思汗亲

① 《史集》第1卷第2分册第315页（商务印书馆本）音译为"爱蛮-豁亦"。

自主持。忽必烈轻轻地携着老祖父的手，让他把兽血涂在拇指上。他恭谨有礼的行动与旭烈兀的粗鲁形成鲜明的对比，赢得了老祖父的赞许和喜爱。

成吉思汗的正妻孛儿帖一共生有四个儿子：长子术赤，次子察合台，三子窝阔台，最小的是拖雷。在当时的突厥-蒙古社会里，儿子们在长大成人之后，都要陆续离开家庭过独立生活。只有最小的儿子和父母生活在一起，并在父母死后继承全部家产。蒙古人把幼子称之为"斡赤斤"（突厥语"斡惕-的斤"，意为火炉的主人或灶君），表明幼子在家庭中具有特殊地位。当然，这里所说的幼子只是指正妻所生而言。当时蒙古人中流行一夫多妻制，"每一个男人，能供养多少妻子，就可以娶多少妻子"[1]。但其中只有一个居正长的地位，相当于汉人中的嫡正。成吉思汗的妻子很多，分处于四大斡耳朵（意为宫帐），正妻是管领大斡耳朵的孛儿帖。"当时，按照蒙古人的风俗，同父诸子的地位与他们生母的地位相一致，因此，长妻所生的子女，享有较大的优待和特权。"[2] 而在正妻的诸子中，"按照扎撒

---

[1] 《出使蒙古记》（社会科学出版社，1983年），第8页。
[2] 《世界征服者史》（内蒙古人民出版社，1980年），上册第44页。

2

（意为法律）与习惯（约孙或约速），父亲之位置传于幼子"①。明白了这一些，我们就很容易理解，拖雷，作为成吉思汗正妻的幼子，在继承上是处于特殊的优越地位的。

1227年，灭国四十，震撼历史的一代天骄成吉思汗，在出征西夏时病死。他遗留给他的后嗣们的是一个横亘亚洲北部、初步成型的大蒙古国，和一张有待于实现的继续南向、西向掠夺扩张的蓝图。

还在成吉思汗生前，他曾将征服的境土分封给诸子、兄弟。诸弟中合撒儿的分地在额尔古纳河与呼伦湖之间，合赤温分地近金源边堡，幼弟帖木哥在大兴安岭以东最远之区，另一个异母弟别里古台在克鲁伦河下流。这就是所谓左手诸王。从海押立（巴尔喀什湖东南，今卡帕尔西）、花剌子模地区，西北伸延到撒哈辛、不里阿耳（两处均在伏尔加河上）的边境，并顺这一方向直至蒙古人马蹄所及的地方，都分赐给长子术赤。从畏兀儿地起，西至河中地区的撒麻耳干（今乌兹别克斯坦撒马尔罕）、不花剌（今乌兹别克斯坦布哈拉），分赐察合台。

① 《出使蒙古记》，第202页。

额尔齐斯河上游与巴尔喀什湖以东之地分赐窝阔台。这就是所谓右手诸王。拖雷则随成吉思汗管领鄂嫩—克鲁伦河地区的大斡耳朵。成吉思汗亲自统领的蒙古诸部军士共计为12万9000。他分赐给术赤、察合台和窝阔台各4000军；弟合赤温3000，帖木哥5000，合撒儿之子1000；母亲诃额仑3000；此外，另一个非正妻所生的幼子阔列坚4000。所剩的10万1000，都是拖雷的份额①。从这两份遗产的分配里，我们可以看出：在成吉思汗的黄金氏族中，拖雷一系所处的地位是何等优厚

使成吉思汗久费踌躇，难作决断的是大汗的位置究竟应由哪一个儿子来继承更好些。把汗位传给拖雷，自然是顺理成章的事，但他担心拖雷所承继的土地、军队已够他操心，而大汗的事务又过于纷繁，不是拖雷一个人的能力所能胜任。术赤与察合台之间，关系很不好。西征前夕，在议及汗位继承人时，察合台当着成吉思汗与诸大臣的面，辱骂术赤是出自蔑儿乞部血统的杂种②。他们俩人互不相上下，选择其中的任何一个都不

---

① 《史集》第1卷第2分册，第375～380页。
② 成吉思汗的妻子孛儿帖曾被蔑儿乞人俘虏，配与部人为妻。在营救归来的路上，生下术赤。

利于维护团结。因此，最后他征得诸子的同意，决定以窝阔台为汗位继承人。同时也明确宣布："至若我之禹儿惕（牧地）与营帐，及我所集聚的财货、军队诸项，则全属之拖雷。"①

尽管有成吉思汗的这一决定，但是，依照蒙古的习俗，被前任的汗所指定的继位者（往往可以有两名）只有在贵族们参加的忽里台（聚会）上，经过选举之后，才能正式即位。因此，在成吉思汗死后，由拖雷权任监国，负责筹备选举新汗的忽里台。1229年，忽里台依例在成吉思汗始兴的鄂嫩—克鲁伦河地域召开，在拖雷的诚心推戴和察合台的支持下（术赤已死），窝阔台即大汗位，尊号称合罕。

窝阔台即位后，秉承成吉思汗的遗愿，继续组织大规模的掠夺扩张。早在成吉思汗西征时，就委命术赤前往征服斡罗思（今俄罗斯）和孛剌儿（今保加利亚）诸国。但是术赤在攻陷花剌子模后，便擅自返回他在额尔齐斯河上游的辎重留守处。为此，成吉思汗极为震怒。窝阔台为了实现父亲的这一遗愿，组织了以术赤第二子

---

① 《成吉思汗的继承者》(即《史集》第2卷英译本)，第17～18页。

拔都、大将速不台为首，包括诸王的长子们参加的西征军，完成了对斡罗思及东欧诸国的征服。遵行成吉思汗的遗策，窝阔台亲自指挥绕道于南宋而伐金，终于在1234年灭亡了金朝。

窝阔台在位13年，于1242年病死。大皇后脱列哥那监国。她违背窝阔台生前曾指定他的孙子（阔出之子）为汗位继承人的旨意，运用权势，于1246年在由她筹备举行的忽里台上，改选了她的长子贵由为汗。拔都因与贵由积怨甚深，故竭力抵制，但没有成功，两人间的矛盾更加尖锐。

二、拖雷与唆鲁和帖尼

拖雷是一个在成吉思汗亲自熏陶下成长起来的、勇猛善战的军事统帅。人们尊称他为也可那颜（意为大官人）或兀鲁黑那颜。成吉思汗常呼他作那可儿（意为伴当）。从伐金开始，他就追随成吉思汗，亲历戎行。1221年西征中，他单独率师进掠马鲁（今土库曼斯坦马雷）、你沙不儿（今伊朗尼沙普尔）和也里（今阿富汗赫拉特）等地，都获全胜，表明他在军事指挥上已趋于成熟。1231年窝阔台亲征金国，拖雷受命总领右路军自凤翔渡过渭水至宝鸡，由两当出鱼关，进破武休关而趋兴元。然后假道南宋境，沿汉水东下，绕过金重兵据守的潼关天险，由光化涉江，而突然出现在邓州，直捣金南京（开封）的背掖。这是一次十分艰难与危险的长途绕道行军。金廷大为恐慌，急调防守潼关一线的大将合达、蒲阿以精兵阻击。合达、蒲阿在邓州以西的险隘处设伏兵20万，以逸待劳。这时拖雷所部经过长期转战已不满四万，且兵疲势弱。但是拖雷利用严寒天气，巧妙地调动敌军，与窝阔台所领中路军的增援部队相配合，乘雪出奇奋击，全歼金师主力于三峰山，取得了亡金战争的决定性胜利。

这一年（1232）夏，拖雷与窝阔台在河南会师后北返。途中，窝阔台病重，萨满巫师为窝阔台施行祈祷，以碗盛水，作法为他涤除邪疾。正在这时候，拖雷前来探视。他因为爱兄心切，举起碗向天祷告说："长生天，我的罪孽比起哥哥来更为严重，让我来代替他受罚吧！"说着，便把涤邪疾的巫水一口喝了。说也凑巧，窝阔台的病好了，拖雷不几天后便死去。其实拖雷是因酒精中毒而死的，然当时人出于迷信，相信拖雷是代兄赎罪而死，因而对他忠君、友爱的自我牺牲精神怀有深切的同情和敬意。

拖雷也有很多妻子，正妻是克烈部人唆鲁和帖尼。她是克烈部首领王罕的兄弟扎合敢不的女儿。扎合敢不有三个女儿，成吉思汗在击败克烈部后，把他的大女儿阿必合娶作自己的妻子，而把二女儿必黑秃惕迷失给了术赤，三女儿唆鲁和帖尼给了拖雷。唆鲁和帖尼生下四个儿子，长蒙哥，次忽必烈，第三旭烈兀，幼阿里不哥。唆鲁和帖尼是一个十分能干的杰出女性。拖雷早死后，她独力承担了统御部众、裁决庶务、育养孤幼与和辑宗亲的繁重任务，赢得了上下人众的普遍尊敬。窝阔台曾遣人劝诱她改嫁给他的长子贵由为妻，却遭到她有礼貌的拒绝。又一次，窝阔台径自下诏，将本属于拖雷的速勒都思部 2 000 户军士赐给了自己的儿子阔端。拖雷部属首领们愤愤不平，群聚而诉之于唆鲁和帖尼说："这二千速勒都思部军队，遵依成吉思汗的旨意，是属我们所有的。现在却分赐给了阔端，我们怎么能够容忍这种违背成吉思汗旨令的事呢？我们要向合罕去进行申诉。"唆鲁和帖尼安抚他们说："我们无所短缺。军队和我等本人，都是属于合罕的。他应当知道自己作出了什么事。他作为合罕，职责是在发布命令；而我们则惟有服从。"诸首领始默然作罢[①]。她这样做，既维护了合罕的权威，又保持了宗亲的团结，因而更受到人们的尊敬。阔端尤为感激。在脱列哥那任监国的三年中，诸王贵族都违法横行，弄得朝野上下法度不一，内外离心。惟有唆鲁和帖尼和她的诸子，则始终遵行成吉思汗的扎撒，严正自持。贵由即位之后，对满朝诸王普遍违犯扎撒的行为进行了公开的批评和训责；而对唆鲁和帖尼，却奉为守法的榜样，大加褒奖。

贵由在位的第二年（1247），他以原来潜邸封地叶密立（今新疆额敏河附近）地方的水泉、气候有益于他的病体（他很早就患有慢性病）为由，决意离开都城哈剌和林（今蒙古人民共和国哈拉和林），大举西巡。然据唆鲁和帖尼的分析，贵由的急于西巡，养病只是借口，真实的意图是突袭拔都，寻衅报怨。她于是暗地遣使者把这一消息通知拔都。拔都对此深表感谢，急忙整军东迎。两支心怀宿怨、各有鬼胎的蒙古大军在紧张、神秘的气氛中日益接近，一场大规模军事冲突眼看就

① 《成吉思汗的继承者》，第169页。

有可能发生。但是，1248年3月，贵由却在横相乙儿（今新疆青河县南）之地死去。内战的危机虽因而得以避免，但汗位继承的争夺却益趋白热化。

三、蒙哥即位

贵由死后，由他的妻子海迷失权任监国。这时，拔都也已率军进达离海押立一周程的阿剌豁马黑之地。他听到贵由的死讯后，便就地停驻下来，遣使于诸王贵族，通知他的到来，并召集他们前往他的驻地，共商选举新汗。这时的拔都掌领术赤兀鲁思（意为领地、国家），在所有黄金氏族中，年长位尊。很多人都应召前往，然窝阔台的后王、诸妃却表示拒绝。他们以成吉思汗的禹儿惕（突厥语，相当于蒙古语嫩秃黑或农土，有屯营、住所之意）在鄂嫩-克鲁伦之域，选汗的忽里台不应在其他地方举行为理由进行抵制。一部分已聚集在拔都处的人也以萨满巫师有久留不吉之言为借口，匆匆离去。宗王们派遣了八剌、晃兀儿塔黑前来作为代表，以观察会议的进行，并记录会议的结果。会上，拔都率先提议选举蒙哥为大汗。八剌提出反对说："窝阔台合罕曾经决定以其孙失烈门为继位人，这是大家都知道的事。现今失烈门犹在，却又另选他人，这要将他置于何地呢？"他的意思是指责众人违背了窝阔台的意旨。蒙哥的异母弟木哥立即起来驳斥说："窝阔台合罕的意旨，谁敢违犯？然而，前此立贵由为汗，就是脱列哥那与你们违背合罕的意旨干出来的，现在你们还能责罪于谁呢？"拔都又进一步揭露贵由的罪状，说他违背扎撒和约速，不商于诸兄弟，而擅自杀害了成吉思汗的幼女按塔仑，因此汗位不应再属于他们①。这次会议通过了选蒙哥为大汗的决定。为了使抵制这次会议的诸王折服，拔都又命令他的弟弟别儿哥、脱花帖木儿代表他本人，率领大军拥卫蒙哥东返，并决定明年在蒙古本土召开忽里台，重新正式选举大汗。

窝阔台系后王继续以拒不赴会来进行抵制，使忽里台不得不一再延期。别儿哥把这一情况报告拔都，拔都决定不顾反对者的抵制，克期举行大会；违者以扎撒从事。1251 年 6 月，在没有海迷失和贵由诸子及一部分窝阔台与察合台后王参加的情况下，忽里台在曲雕阿阑

---

① 参考《元史·宪宗纪》、《元史·忙哥撒儿传》及《成吉思汗的继承者》。

之地举行，正式拥立蒙哥为大汗。汗位从窝阔台系转入了拖雷系后王之手。

正当庆贺蒙哥即汗位的豪华饮宴仪式热烈进行的时候，窝阔台孙失烈门、贵由之子脑忽和另一名窝阔台孙脱脱（哈剌察儿之子）率众前来，佯装庆贺，在车队里潜藏兵器，企图乘其不备，发动突袭。途中，他们的阴谋为蒙哥的饲鹰人克薛杰所发觉。克薛杰急驰报警，蒙哥遣军拘捕了失烈门等。参与谋乱的首领77人均被处死。为了防止叛乱，蒙哥任命大将不怜吉鲈率精兵十万往镇兀鲁黑答黑（突厥语，意为大山）、杭海山及处于和林与别失八里间之横相乙儿的边境地，与布军在海押立及讹答剌（今哈萨克斯坦锡尔河右岸阿雷斯河口附近）一线的斡鲁朵（术赤之子）子弘忽阑相联结；又命木哥率军两万进据乞儿吉思（今俄罗斯联邦图瓦共和国北叶尼塞河、巴根河流域）与谦谦州（今图瓦共和国西南境），以镇胁封地在这一带的窝阔台后王们，迫使他们束手就范。海迷失皇后被逮解至和林处死，失烈门及贵由之子忽察和脑忽被禁锢终身。蒙哥又对窝阔台的诸子、孙进行迁谪：合丹（第六子）被迁于别失八里（今新疆吉木萨尔县北）之地，蔑里（第七子）迁于额尔齐斯河一带，海都（第五子合失之子）迁于海押立，脱脱迁于叶密立；又以窝阔台诸妃的家资分赐诸王。惟独窝阔台的第二子阔端，出于对前此唆鲁和帖尼不吝拨予速勒都思 2 000 户，心怀感激，一直与蒙哥保持友好，因此蒙哥仍保留他在河西（今宁夏及甘肃部分地区）一带的旧封地，不加迁削。对党附贵由，并根据贵由的私意而代主察合台兀鲁思的也速蒙哥（察合台第五子），蒙哥也命令将他处死，改由哈剌旭烈兀（察合台第二子木额秃干之子，他原应是察合台的合法继承人）担任。拔都的怨敌不里（察合台孙、木额秃干子），也被逮送拔都处，交由他处死。

与此同时，蒙哥又分别向汉地和中亚派遣亲信，接管各地的军政大权，分别建立了由牙剌瓦赤、不只儿、斡鲁不、睹答儿为首的燕京等处行尚书省和别失八里等处行尚书省、阿母河等处行尚书省，以加强对汉地及中亚的统治。蒙哥还派遣他的弟弟忽必烈总领漠南汉地军国庶事；又在 1253 年派遣另一个弟弟旭烈兀远征八哈塔（今巴格达）的哈里发王朝，随后便酝酿亲征南宋，以拓展境土。

第二章 1211～1250年间蒙古对北部中国的征服与统治

一、蒙古灭金

1211年，成吉思汗在稳定了对蒙古草原的统治后，挥师南侵金朝。蒙古军大败金师于野狐岭，攻下乌沙堡，拔德兴府，取居庸关。前锋迫近中都（今北京市），并分军大掠东胜、云内诸州。1213年，又大举分三路深入长城以南。辽西、山东、河北、山西诸郡县遍遭攻掠，仅中都、真定、大名、东平等11城免遭陷落。金宣宗被迫请和。蒙古军满载财物、俘虏北返。脆弱的金统治者，慑于蒙古的军威，便在1214年5月仓皇迁都南京（今河南开封），而以尚书左丞完颜承晖、参政抹撚尽忠辅佐皇太子守忠留守中都。成吉思汗以金败盟为借口，复遣军围困中都。次年5月，抹撚尽忠弃城南逃，中都落入蒙古军手中。

金朝统治下的北中国，民族矛盾与阶级矛盾一直是十分尖锐的。落后的女真贵族，为了维护他们的特权统治，顽固地坚持民族歧视和民族压迫政策。金朝对契丹人的镇压与防范十分严密，契丹人的反抗与逃亡（亡走西辽和蒙古）也不曾稍有停息。蒙古始兴时，"金人疑辽遗民有他志，下令辽民一户，以二女真户夹居防之"①。女真人与汉人的矛盾也一直很尖锐。女真猛安、谋克②人户除当兵外，不与赋役。女真人与汉人争讼，只就女真理问。在官吏的选举、升迁方面，女真人享有种种优惠特权。禁止汉人收藏军器，平毁中州城橹。把汉族分划为汉人与南人两种，进行分裂和挑拨。执行严格的里甲制度。特别是多次括田分给内迁的猛安、谋克人户，使河北、山东等地区的许多农民丧失土地，甚至连祖茔、井灶都被圈占，以致破产流亡。猛安、谋克人户又恃势强夺田地，欺凌乡民，苛敛佃户，虐使驱

① 《元史》卷149《耶律留哥传》。
② 猛安意为千夫长，谋克意为百夫长。猛安、谋克制度是女真人的军政合一组织。

15

奴。这些都使广大汉族人民怨恨刻骨。金朝本已如同一座随时都有可能喷发的火山，蒙古军的频年深入，大大削弱了它的统治力量，人民的反抗活动乘时蜂起。南迁以后，河北、山东等地，更是"盗贼满野。向之倚国威以为重者（即指猛安、谋克人户），人视之以为血仇骨怨，必报而后已。一顾盼之顷，皆狼狈于锋镝之下，虽赤子不能免"①。人民"仇拨地之酷，睢眦种人（仇怨女真人），期必杀而后已。若营垒，若散居，若侨寓托宿，群不逞哄起而攻之，寻踪捕影，不遗余力。不三二日，屠戮净尽，无复噍类"②。这些反抗者们以服红袄为号，故被称为"红袄贼"。蒙古人称他们为忽刺安·迭格列，意为"穿红衣服的人"。他们中有佃农，有驱奴，所在成群，互为支党，众至数十万。他们的反抗斗争进一步削弱了金朝的实力，使它完全丧失了抗御蒙古军的能力。

为了防御蒙古军的侵掠，局促在河南的金统治者先后以侯挚行尚书省事于河北，驻节东平；胥鼎行尚书省事于平阳，分张两翼，以便能扼河而守。又以仆散端行

---

① 元好问：《遗山先生文集》卷16《平章政事寿国张文贞公神道碑》。
② 《遗山先生文集》卷28《临淄县令完颜公神道碑》。

尚书省事于陕西，并加强潼关诸险隘的设防，以巩固侧后。其意图是放弃河北，苟安河南。他们还以南宋为柔弱可欺，发动南攻，妄想拓地江淮，以为弃失河北的补偿。但是，这样做不仅收不到预期的效果，反而使有限的军力分散，更难于应付蒙古军的深入。1216年，蒙古大将三模合由河西入关中，破潼关，直逼南京。金廷慌忙调胥鼎入卫。1218年太原失守。1221年金朝将领蒙古纲放弃东平，把军队收缩入河南。金朝的扼河防御体系已完全崩溃。只是因为从1218至1224年间，成吉思汗率主力西征花刺子模，而把伐金的战事全权委付木华黎指挥，金朝的军事压力才稍有减轻。1223年木华黎病死。1224年成吉思汗结束西征后，又集中力量准备灭亡西夏。1227年西夏灭亡前夕，成吉思汗病死。这些都便利了垂死的金朝苟延时日。

1229年窝阔台即大汗位。次年就用成吉思汗遗策，与拖雷分两路伐金。窝阔台自山西南下，破河中（今山西蒲州），由白坡渡黄河，与假道于宋，大破金师于三峰山的拖雷会合北还，而留老将速不台围困南京。1233年金哀宗弃南京亡走归德，复奔蔡州（今河南汝阳县）。蒙古军约会南宋合围蔡州。1234年正月，城破，金亡。

二、蒙古对北部中国的统治

蒙古侵金的初期，专肆掳掠，不为守土久居之计。金廷弃河北不守，地方的豪强故吏便纷纷起来据地自保。随着金朝国势日益衰败，这些军阀们多投降蒙古。蒙古便予之以他们原来自拥的名号，借助于他们的力量继续攻掠，且利用他们参谋军政，巩固统治。

但是，掠夺是有限度的。"要能够劫掠，就要有可以劫掠的东西，因此，就要有生产。"[①] 在实际需要与汉人谋士的劝告下，至木华黎晚年时，蒙古的政策已经有了明显的改变。主要表现在大肆招降汉人军将，禁止剽杀；改变早先春去秋来的习惯，开始戍守城池；并且召集百姓进行农业生产。史籍记载：1220 年，木华黎接受史天倪的建议，下令"禁无剽掠，所获老稚，悉遣还田里。军中肃然，吏民大悦"[②]。1222 年金晋阳公郭文振的奏章中说："河朔受兵有年矣！向皆秋来春去。今已盛暑不回，且不嗜戕杀，恣民耕稼，此殆不可测也。"[③] 说

---

① 《马克思恩格斯全集》(人民出版社，1962 年) 第 13 卷，第 748 页。

② 《元史》卷 119《木华黎传》；卷 147《史天倪传》。

③ 《金史》卷 108《胥鼎传》。

明在 1219 年蒙古军攻下太原以后，已开始把这里当成"久驻之基"，特别引人注目的是开始招民耕稼①。这种转变，对于刚步出原始社会不久的游牧民统治者而言，其意义是十分深远的。

当时，蒙古国的政制十分简单。除各有执事的怯薛（宿卫）及民兵合一的万户、千户、百户、牌子头（十夫长）外，朝中则设有主管刑法和户口赋税的扎鲁忽赤（断事官）负责"总裁庶政"。被征服地区则置达鲁花赤（监临官），以资镇守。华北地区，在成吉思汗返师漠北后，曾任扎八儿火者为"黄河以北、铁门以南天下都达鲁花赤"②。"都"便是总的意思。他们的责任是主领和监督那些投附于蒙古的地方军阀和官员。成吉思汗的晚年，曾"命阔里毕与皇太弟（即帖木哥斡赤斤）国王分拨诸侯王城邑"③。《元史·木华黎传》也说："丙戌（1226）夏，诏封功臣户口为食邑，曰十投下，孛鲁（木华黎子）居其首。"十投下（"投下"意为封邑，亦指封主）是木华黎所将的伐金主力。他们所受封的户口

① 参见《金史》卷 111《古里甲石伦传》；卷 112《完颜合达传》。
② 《元史》卷 120《扎八儿火者传》。
③ 《元史》卷 153《王檝传》。

大多是城居的汉民。十投下的分封，很可能与阁里毕所主持的分拨城邑是一回事。说明在成吉思汗晚年，蒙古诸王贵族在华北已开始直接领有食邑。

窝阔台即位后，大蒙古国的政权组织有了颇大的发展。如：提高了汗的威仪，整肃了原行的赋税制度（蒙语作忽不乞儿），置仓廪，立驿传，改定与增设官职，兴筑城市宫殿等。这时，以通蓍卜而受知于成吉思汗的契丹人耶律楚材开始受到窝阔台的重用，在大蒙古国的政治舞台显露作用。1229 年，窝阔台一即位，便"命河北汉民以户计，出赋调，耶律楚材主之；西域人以丁计，出赋调，麻合没的滑剌西迷主之"[①]。在赋制初行时，对华北地区，"朝臣共欲以丁为户，公（耶律楚材）独以为不可。皆曰：我朝及西域诸国，莫不以丁为户，岂可舍大朝之法，而从亡国政耶？公曰：自古有中原者，未尝以丁为户。若果行之，可输一年之赋，随即逃散矣！卒从公议"[②]。耶律楚材简选一批"通古今、练钱谷、明儒术、娴吏事"的汉人儒士主掌十路征收课税使，定诸路课税：酒课验实息十取一，杂税三十取一。

① 《元史》卷 2《太宗本纪》。
② 《元文类》卷 57 宋子贞《中书令耶律公神道碑》。

蒙古统治者采行汉制、任用文臣，是从这时候开始的。由于征税的工作迅速取得成效，窝阔台大为高兴，于是在1231年始立中书省，改侍从官名。以耶律楚材为中书令，粘合重山为左丞相，镇海为右丞相。不过，当时实际上汗廷中并没有中书省这一机构。无论是耶律楚材、粘合重山或镇海，都只是大汗所属侍卫宫帐的怯薛中的必阇赤（意为书记），分掌汉地和西域的文书签发并接受顾问。中书令、丞相云云，不过是在汉人中习惯使用，徒示尊重的虚衔而已。

1234年金朝灭亡后，窝阔台任胡土虎为中州断事官，检括户口。按照蒙古军法，在征战中，凡所降下之地，即以予之。因此，在华北地区，出现了"自一社一民，各有所主，不相统属"的局面。此外，"诸王大臣及诸将校所得驱口（奴隶，蒙古军将在战争中所掠人口，即归属私家为奴隶）往往寄留诸郡，几居天下之半"。① 通过检括，这些民户和驱口中的一部分始隶州县。这次入籍的人户约计110万。窝阔台沿用蒙古旧制，在1236年秋，大行分封，将中原、华北诸州县

---

① 《元文类》卷57宋子贞《中书令耶律公神道碑》。

民户分赐诸王、贵戚、斡耳朵及诸将校，以为封邑。在北方地区照样推行蒙古的这种原始的分封制度，显然是十分有害的。耶律楚材力争，说：这样做，会发生"尾大不掉，易以生隙。不如多与金帛，足以为恩"。窝阔台以业已许之，无法更改为辞，不听。耶律楚材复建议说："若树置官吏，必自朝命。除恒赋外，不令擅自征敛，差可久也！"[①]窝阔台接受了这一意见。其年，定天下赋税，二户出丝一斤，以供官用；五户出丝一斤，予所赐之家，即所谓"五户丝"。上田每亩税三升半，中田三升，下田二升，水田五升。商税纳三十分之一。盐价每银一两四十斤。耶律楚材又建议：为了改变地方军阀官僚兼领军民钱谷，集地方大权于一身，因而恃势横豪，恣为不法的现象，规定以"长吏专理民事，万户府总军政，课税所掌钱谷，各不相统摄"。1237年，又在耶律楚材的倡议下，窝阔台令术虎乃、刘中选考诸路儒生。中选的可以豁除本身的徭役，改属专业性的儒户，并授任为本乡的议事官。这次考试先后取中 4 030 人。

耶律楚材的这些建议在当时的进步作用是显而易见

---

① 《中书令耶律公神道碑》。

22

的。赋税制度的确立把蒙古统治者与汉人地主间地租的再分配按一定的比例固定下来，对自耕农民的负担也规定了一个限度，这同前此取民无艺、竭泽而渔式的掠夺比较，不但受到汉人地主阶级的欢迎，也有益于保证农民的最低生活需要与维持简单的再生产。五户丝制的规定也是对诸王投下对封户恣取刻剥的一种限制。儒士的考选实际上是反映了蒙古贵族与汉人地主分子间相互勾结的增强。一般来说，如果没有两者彼此之间必要的勾结与合作，蒙古贵族要想把中原地区的统治长期维持和稳定下去，几乎是不可能的。地方上军、政、财权分治的主张也是整顿地方统治秩序、加强中央集权所必不可少的步骤。这些建议为后来元朝立国的规模大致勾画出了蓝图。当然，在当时的条件下，这些主张实际上仍无法贯彻，因而它们的实效是极有限的。但它明显地表明，在窝阔台统治时期，蒙古国的政治设施和统治制度，都已取得重大的发展，而它总的趋向是采行汉法，这是一种进步。

耶律楚材所建议的这些制度改革不利于蒙古贵族中的守旧势力，因而招致他们的竭力反对。燕京路长官石抹咸得不煽动皇叔帖木哥斡赤斤遣专使诉之于窝阔台说：耶律楚材所用悉南朝旧人，恐有异志，不应该予以重用。但窝阔台不为所惑。终窝阔台之世，耶律楚材始终受到亲信。1241年窝阔台死，脱列哥那称制，任用回回人奥都剌合蛮。耶律楚材被疏远，在抑郁中死去。

在脱列哥那称制（1242～1245）、贵由的短暂统治（1246～1248）及海迷失称制（1249～1250）的八年里，朝政混乱，耶律楚材所经画的制度大都破坏尽净。诸王贵族专恣自行。对中原、华北地区的统治则专委于回回人，唯以征敛横夺为能事。派往四方征利的使者"驿骑络绎，昼夜不绝，民力益困"[①]。所以《元史·太宗本纪》说，"自壬寅（1242）以来，法度不一，内外离心，而太宗之政衰矣"。

三、北中国的残破

13世纪初的蒙古，还处在刚由原始社会末期跨入阶级社会的阶段，在社会发展水平上，是远较中原汉地低下的。蒙古人所从事的是原始的游牧经济，不懂得对定居农业利用与保护的必要性。社会发展水平的悬殊和

---

① 《宋史纪事本末》卷26《蒙古诸帝之立》。

农业定居经济与游牧经济的差异，决定了这一阶段内蒙古贵族所从事的掠夺战争的严重破坏性。他们所执行的是一种原始的、毁坏性的劫掠，夺取所有便于携走的金帛、财货和俘虏于他们有用的工匠、妇孺。而对于农田、水利、桑枣和城市建筑则肆行破坏。蒙古军法规定每当攻城略地时，敌方"以矢石相加者，即为拒命。既克，必杀之"①。在侵金和南宋的战争中，屠城的记载，史不绝书。锦州、广宁、懿州等地，因张致降而复叛，被认为："此叛寇，存之无以惩后，除工匠优伶外，悉屠之。"② 保州之屠，"惟匠者免"。卫州城破，"悉驱民出泊近甸无噍类殄歼"③。进攻蠡州时，石抹也先中炮而死，城破后，尽屠其居民。其他如汝南、许州、枣阳、德安等处都遭到同样的命运。早期的蒙古游牧奴隶主贵族在掠夺战争中这样做，是并不奇怪的。正如马克思所指出的："这样做是适合于他们的生产畜牧的。大片无人居住的地带是畜牧的主要条件。"④ 从1211年到1234年金亡的20余年里，这样的战争几乎频年往复进行，

---

① 《元史》卷145《耶律楚材传》。

② 《元史》卷119《木华黎传》。

③ 王恽《秋涧集》卷39《堆金塚记》。

④ 《马克思恩格斯选集》第2卷，第100页。

禁止剽杀与招民耕稼的现象毕竟只是转变的开始。这以后的年代里，蒙宋之间的战事仍常年进行。它对北中国所造成的巨大破坏是不言而喻的。

不但如此，在完成对北中国的征服之后，蒙古贵族又必须有一段时间的学习和实践，才可以取得管理好中原汉地的知识和文化。按照一般的历史规律，"野蛮的征服者总是被那些他们所征服的民族的较高的文明所征服"①。"定居下来的征服者所采纳的社会制度形式，应当适应于他们面临的生产力发展水平。"② 初进入奴隶社会的蒙古贵族，在入据中原华北时，虽然也曾把奴隶制的因素带了过来，使北部中国地区在金朝驱奴制原已一度流行的基础上，奴隶因素益趋大盛，但是，遵照上述历史发展的必然规律，入据中原的蒙古奴隶主很快便与中原成熟的封建制相适应，其本身也转化成为封建主。当然，这样一个历史发展阶段的巨大飞跃绝不可能是一蹴而就的。窝阔台时期，任用耶律楚材，制定了一系列的统治制度，只是这一飞跃过程的开始，真正要把这一套制度付诸实现还必须有一个过程。在这个过程里，政

① 《马克思恩格斯全集》第9卷，第247页。
② 《马克思恩格斯全集》第3卷，第83页。

治上出现混乱与反复是无可避免的。

关于地方上政治混乱的情况，我们可以举东平（今山东东平）和平阳（今山西临汾）两处作为例子。

东平是山东军阀严实的据地。严实在1220年以彰德、大名诸州30万户投降于蒙古，1236年被任为东平路行军万户，下领德、兖、济、单诸州。1238年，朝议将东平地分为十份，以分赐诸王勋贵，因汉人军将苦苦哀求而作罢。贵由在位时，又一次提出割分东平地的要求，也没有完全实行①。它是直属于朝廷的州县，但实际上权豪的私属极多。1238年户口统计，东平路实有户23万4 000，其中有所谓"摽拨户"（即分拨）1 758户（包括民户1 712，驱奴户46）。这种摽拨户是朝廷分拨与宗王口温不花（成吉思汗弟别里古台之子）、中书吾图撒合里（即耶律楚材，蒙古语髯须人）以及探马赤查剌温火儿赤等13人的零散人户。多者如笑乃觮并以下有功人员所得为467户，吾图撒合里345户；少者如罗伯成才三户，秃赤怯里马赤才六户②。这些人户

---

① 《元史》卷153《王玉汝传》。按：东平因经严实长期经营，相对安定，是当时比较富庶之处，故受到蒙古贵族的垂涎，两次要求裂土分赐。

② 《大元马政记》。

都是隶属私家，不干州县的。此外，在东平境内，诸王军将又各强占民户为部曲，擅其赋役，谓之"寨脚"（近400处），也是不干州县 [1]。一路之内，权豪的私属这样多，表明在管理上何等混乱。

平阳路是另一种类型，它是拔都大王的采邑。拔都把它划分成许多小块，分属于他的后妃、诸子。于是"一道州郡至分为五、七十头项，有得一城或数村者，各差官临督"。封主在自己的封地内，爵人命官，生杀予夺，任意为之。它们简直都是独立的小王国。拔都兀鲁思远处南俄草原，在平阳所征收的主要是当地土产的麻布。但麻布不便远道运输，因而规定折银输纳，而王府却又指令纳金。纳税人几经转折，"自卖布至于得白银，又至于得黄金，则十倍其费"。百姓无力负担，致械系榜掠，不胜苦楚 [2]。

长时期内战争破坏与政治混乱，使金元之际的北部中国受到了严重的摧残。豪华富实的金中都、南京宫殿、城市几乎尽数毁坏。关中八州十二县，兵火之余，已户不满万。亳州民户逃亡，所存者曾无十一。淮西一

---

① 《元史》卷159《宋子贞传》。
② 郝经：《临川文集》卷23《河东罪言》。

带，白骨相望，杳无人踪。唐州、邓州，兵余岁凶，流散十八九。泽州户数仅及金最高户数的三十分之一。邢州且不及百分之一。金世宗大定二十七年（1187）天下户数为678万9400余。章宗明昌元年（1191）为693万9000。然1236年窝阔台籍中州户数才及百余万。即使到忽必烈至元七年（1270）也才恢复到192万9000余[①]。当然，无论哪一个数字都与实际有或多或少的差距。金朝时，人们多分成小户以规避物力；而元初平民多依附权豪或藏匿山林以避诛求。但它们仍大致上为我们表明了这一时期北中国人户锐减的趋势。人口的大量减少，无疑是社会生产遭受严重破坏的有力证明。

历史为入据中原的蒙古统治者提出了两大任务，一是如何恢复北中国濒于中断的社会生产；二是迅速完成蒙古奴隶主向封建主的转化。这两者是互相联系，互为促进的。完成这两大历史任务，无论对中国历史或蒙古族的历史，都是巨大的进步。年轻的忽必烈，就是在这样一个时刻走上政治舞台的。

---

① 这个数字比王恽《玉堂佳话》所记的232万户少，当是因为仅就民户而言，军站等户不包括在内。

第三章　忽必烈即位前的活动与蒙哥的南征

一、一个"思大有为于天下"的藩王

　　早在青年时代，忽必烈就热心于学习汉文化，并开始倾心于儒术，"思大有为于天下"。

　　忽必烈和他同时代的蒙古贵族，最初接触汉文化，了解儒学，主要是通过一些汉人（或汉化的契丹人）僧徒、道人、医生及通译人员的介绍。蒙古统治者对各种宗教都优加尊礼，让他们为自己敬天祝寿，因此，佛、道中有声望的人物，都受到他们的敬重。医生是治病所必需的，通译在生活中也不可缺少。这些人原多富有传统的儒学修养，且有机会与蒙古贵族的上层保持密切的私人接触，因而较之某些以事功而被蒙古统治者授予官职的人更能影响其个人的信仰与喜好。通过他们，儒学思想开始锲入于一些有作为、能接受新事物的蒙古青年贵族的思想中。

1242 年，燕京著名的禅学大师海云和尚受忽必烈之召，前往漠北论道。海云是山西岚谷宁远人，俗姓宋，金宣宗赐号通元广慧大师。蒙古军陷宁远，海云被俘。成吉思汗闻讯，遣使令木华黎，使"存济无令欺辱"；并问候"小长老好"，于是天下皆以"小长老"称之。其后他抵燕京，居庆寿寺，深受蒙古贵族们的尊敬①。海云遵忽必烈的令旨北上，道经云中，携带了南堂寺的青年和尚子聪同行。子聪就是后日参赞忽必烈立国的著名政治家刘秉忠，河北邢州人，"于书无所不读，尤邃于《易》及邵氏《经世书》，至于天文、地理、律历，三式六壬遁甲之属，无不精通，论天下事如指诸掌"②。忽必烈见到海云，问佛法大要。海云回答说："宜稽古审得失，举贤错枉，以尊主庇民为务。佛法之

---

① 《佛祖历代通载》卷 21；《日下旧闻考》卷 43《城市》引《大蒙古国燕京大庆寿寺西堂海云大禅师碑纪略》。

② 《元史》卷 157《刘秉忠传》。

要，孰大于此。"①海云在这里所说的其实正是儒道，而不是佛法。忽必烈对此大感兴趣，对子聪尤为爱重。海云南还，子聪被留侍于藩邸。同时候，又有云中怀仁人赵璧也以兼通蒙古文为忽必烈所召用，忽必烈呼秀才而不名。"是时，国言语（蒙古语）未尽通中原，亦未始知有经传之学"，赵璧用蒙语译《大学衍义》，经常就马背上为忽必烈讲说。忽必烈令蒙古生徒十名，从赵璧受儒书，赵璧"以国语释《论语》《大学》《中庸》《孟子》诸书而教授焉。然后贵近之从公学者，始知圣贤修己治人之方"②。

通过赵璧、子聪的推荐和征聘，南州人物，耆儒硕德，奇材异能，可备器使者，都陆续延揽到了忽必烈的周围③。1244年，忽必烈将金朝的状元、东明人王鹗请至漠北，为他讲解《孝经》《书》《易》及儒家齐家治国平天下之道，以及古今事物之变，常常至于深夜。忽必烈十分欣赏儒家的这一套治平之道，说："我

① 程钜夫：《雪楼集》卷6《海云简和尚塔碑》。
② 参考《元史》卷159《赵璧传》；虞集《道园学古录》卷12《中书平章政事赵璧谥议》。
③ 《佛祖历代通载》卷21王磐《刘秉忠神道碑》。

虽然不能马上照你所说的去办，但安知将来不会实行它呢？"王鹗在忽必烈处淹留年余，忽必烈厚加赏赐；又令近侍阔阔、廉希宪（畏兀儿人）、柴祯等五人从他学习。王鹗带来了孔子画像，请忽必烈等行释奠礼。①

1247年，冀宁交城人张德辉也应忽必烈之召来到漠北。忽必烈问他说："孔子死去很久了，他的品性现在还存在吗？"张德辉回答说："圣人与天地同始终，无往而不在。殿下如果能行圣人之道，品性也便在其中了。"忽必烈又问："有人说，辽因释废，金以儒亡。这种说法对吗？"回答说："辽去今已远，臣不能周知。至于金，则是臣所亲见目睹的。金的宰执之中，虽有一二儒者，其余则都是武夫世胄子弟。每有军国大事，又不使儒臣预闻。仕途之中，大约以儒进者才三十分之一。可知金朝之灭亡，责自有所归，怎么能说是儒者的罪责呢？"忽必烈深表同意，又进一步询问说："祖宗以来旧有的法度俱在，而设施未尽的地方仍很多，怎么样才好呢？"张德辉指着桌上的银盘为喻，说："创业

①《辍耕录》卷2《丁祭》。

33

的君主，如制作此盘。应该精选良工，规划铸范，以畀子孙。还需要有谨厚的人掌管，才可永世宝用。否则不惟有缺坏之虞，还恐遭受窃失。"忽必烈听了，沉思许久之后，才说："这正是我于心难忘的事呵！"在这里，忽必烈已明显地表示了在遵行祖制之外，还必须适应需要而进行创制改革的思想。并且，忽必烈以独到的眼光，关心农民的生计。他询问张德辉："农家劳作，何以衣食不瞻？"回答说："农桑是天下之本，衣食所从出。农夫们男耕女织，终岁勤苦。他们把耕织所获，择其精者以输纳官府，余下的粗粝则用来奉父母，蓄妻子。然亲民的官吏却横加苛取，半点不留有余。这样，百姓便少有不受冻馁之苦了。"又有一次，忽必烈又问："现在地方上典兵的与宰民的长官，谁对百姓为害最烈呢？"张德辉答："军无纪律，固然对百姓为害非轻；而宰民之官头会箕敛，使民如蹈水火，为害更是厉害。"一个远居在漠北的藩主，竟然能够对汉地的民生吏治关注深密，而且提出的问题切中肯綮，其识度的高远，求之于同时的蒙古贵族，的确是十分难能可贵的。第二年，张德辉南归，行前请求忽必烈重修真定庙学，也得到批准。

同在 1247 年，子聪的同学、邢州人张文谦也被荐为忽必烈的王府书记，日见信近。广平人窦默，当时以医术和理学著名，也受忽必烈的招请。窦默为忽必烈宣传三纲五常、正心诚意之道。忽必烈延请他教授王子真金经书。窦默又向忽必烈推荐柳城人姚枢。姚枢原是燕京行省长官穿剌瓦赤的属史，因厌恶其为政昏暴而弃官隐居辉州，潜心程朱理学，成为北方理学的巨擘。1250年，姚枢见忽必烈，忽必烈大为欣赏，使居卫从后列，时加召问。姚枢首陈二帝三王之道，分举了治国平天下的大端八项：修身、力学、尊贤、亲亲、畏天、爱民、好善、远佞。又详细地列举了救时之弊 30 条：立省部、辟才行、举遗逸、慎铨选、汰职员、班俸禄、定法律、审刑狱、设监司、明黜陟、阁（停）征敛、简驿传、修学校、崇经术、旌节孝、重农桑、宽赋税、省徭役、禁游惰、肃军政、周匮乏、恤鳏寡、布屯田、通漕运、倚（免）债负、广储蓄、复常平、立平准、却利便（杜绝侥倖）、杜告讦。每条之下又各具施张的细则。忽必烈对此深表赞许，并令姚枢教授诸王子经书。同年，弘州宿儒魏璠也被征至和林，访以当世之务。此外，又有绛州人许国桢，博通经史，尤精医术，也很早便给侍王府，掌理医务①。这些都证明，早在窝阔台、贵由时代，忽必烈作为一个藩王，尽管并无统理中原汉地的职掌，但他对汉地的了解和对儒学的认识，以及同汉人儒士的关系，都已卓异于一般的蒙古贵族了。

二、开府金莲川

蒙哥即位后，忽必烈受任总领漠南汉地军民事。他于是南下进驻扎忽都之地，开藩府于金莲川②。1253年蒙哥把关中地区作为分地封予忽必烈；又以京兆户口数寡，1256年益以怀州。作为其兄蒙哥汗在汉地的最高军政代表，忽必烈开始有了初试其抱负的条件。

尊儒揽士 蒙古亡金，北中国残破，儒学也一度沦落，学校废坏。1219年，全真教道士丘处机（长春真

①《元史》卷168《许国桢传》。按：许国桢曾为唆鲁和帖尼治病，其年她53岁。唆鲁和帖尼生年不可能迟于1190年。以此推之，许国桢之入侍拖雷家族，当在1243年前。

② 金莲川，原名曷里浒东川，金朝曾于此修建行宫，为避暑之所。以其地产金莲花，金世宗因易其名曰金莲川。其地当即今内蒙古正蓝旗闪电河（滦河上流）之地。扎忽都即糺忽惕，蒙语糺之复数形式，意为"诸糺"。糺忽惕是蒙古人对金北边部族的泛称。

人）受召，西行万里，为正在中亚远征的成吉思汗讲道，很受他的欣赏。当丘长春返还燕京后，成吉思汗仿依中亚地区伊斯兰教徒享受豁免本身差赋的优待办法，付予圣旨，凡全真道士免征差发税赋。全真教徒因享有豁税的特权，豪势陡盛。他们乘机打击佛教，侵夺庙宇、地产。当时燕京的学宫孔庙也为全真教士所把持。窝阔台时期曾在燕京开设国子学，教授蒙古生徒，其主持者为杨惟中、冯志亨与李志常。后二人都是全真道士。儒生对此当然是不满意的。蒙哥即位后，即有令道士冯志亨退还所占孔庙及其田产，付予燕京儒士主领之旨。这道旨意的发布无疑是与忽必烈相关的。1252 年，张德辉与金元之际的著名诗人元好问往觐忽必烈，并恳请他接受儒教大宗师的尊号，忽必烈欣然接受。张德辉等又奏请遵照窝阔台时期考选儒士的规定，蠲免儒户兵赋等负担。忽必烈概予允准，并责令有司切实奉行。这年 2 月和 6 月，忽必烈两令魏祥卿与杨惟中传达令旨，命担任燕京等处行中书省事的断事官牙剌瓦赤等修复燕京孔庙；1253 年又命令担任燕京路都总管的赛典赤瞻思丁负责缮修，使久已残破的文庙建筑焕然一新。1254 年，冯志亨等复图占夺孔庙及其田产，忽必烈又两颁令旨，亲予批断，且对燕京的儒士与官员们表示："以后我与你们做主"；"秀才每（们）有的公事言语，你休怕，我根底奏将来者"[1]。这时的忽必烈，俨然以儒士们的保护神出现。他的"爱民之誉，好贤之名"，便在汉人儒士中传布开来。儒士们形容是"天下望之，如旱望雨"。于是，他们交相荐引，投附到忽必烈的藩府来。这些陆续来附的人有：

怀州人许衡，以教授经术知名。姚枢弃官隐居辉州苏门时，开始与许衡、窦默三人相与讲习伊洛程氏与新安朱子的著作，他们都是北方第一代的理学宗师。经过姚枢与窦默的推荐，忽必烈任命许衡为京兆提学。许衡于"郡县皆建学校，民大化之"[2]。

潞州人郝经，与元好问为世谊，1252 年受召，忽必烈咨以经国安民之道，从此留侍王府，参谋机务。

曹州人商挺，与元好问为友，曾受聘于东平军阀严实，教授诸子。1253 年忽必烈征聘为郎中，佐杨惟中抚治关中。威州人刘肃，也是严实的旧吏，1251 年受任为邢州商榷使。严实的幕僚中，后来先后为忽必烈所

---

① 《析津志辑佚》（北京古籍出版社，1983 年），第 199～200 页。
② 《元史》卷 158《许衡传》。

任用的人还有潞州人宋子贞、广平人王磐、东平人李昶、陈州人徐世隆等。他们都是后来组成忽必烈的参谋团的重要人物。

交城人张易，早年与子聪、张文谦是同学，张易受荐事忽必烈，很可能是在张文谦受召的前后。受子聪推荐而入参金莲川藩府的还有通州人李德辉、中山人王恂、邢州人马亨。李德辉和王恂都曾充真金伴读。

此外，女真人赵良弼、真定人李冶、惠州人赵炳、成都人张惠、乾州人杨奂都为忽必烈所罗致。杨惟中、史天泽、贾居贞等干练的官僚也受到他的倾心擢用。一时北中国的名士、人才都聚集在他的周围。特别要举出的还有真定董俊诸子文柄、文用、文忠兄弟等。董俊本藁城土豪，降蒙古后，木华黎承制授龙虎卫上将军、行元帅府事，驻藁城。俊早死，长子文柄继任藁城令。真定是拖雷的采邑，1250 年，唆鲁和帖尼令选真定官绅子弟充侍卫。于是董文用从其兄文柄至和林，谒唆鲁和帖尼，随即事忽必烈为必阇赤。1252 年其弟文忠亦入侍潜邸。由于董氏原是拖雷后王的属民，关系密切，所以董氏兄弟也特别受到忽必烈的信任。

金莲川幕府的出现，显示了以忽必烈为代表的蒙古贵族革新派和汉人地主阶级儒士间的政治结合已经初步完成。它为下一步元王朝的建成铺筑了坚实的社会基础和准备了必需的干部。

整饬政治 忽必烈受命之初，原是总领漠南汉地军民事。姚枢向他建议说："国家境地之广，人口之众，财富之殷，无过于汉地。如果殿下尽有汉地军民之权，大汗还有什么事可做呢？将来定会有人乘机谗间，大汗也会要后悔的。不如只掌握兵权，财富供亿则取足于有司。这样便可以势顺理安。"忽必烈欣然接受，请之于蒙哥，改命为只理军政。

邢州是答剌罕①昔里吉后裔的封地。由于当时政治混乱，征敛无度，人民大批逃亡。分封之初，原有民万余户，到蒙哥即位时已经只有 500 至 700 户。答剌罕央求忽必烈选任良吏抚治。忽必烈承制任脱兀脱、张耕、刘肃治理。刘肃等到郡之日，兴办铁冶以足公用，造行楮（chǔ）币以活跃商业，整顿驿传，修造官舍，申严法禁，使文书钱谷都奉行惟谨，无所奸欺②。邢州的实

---

① 蒙古大汗对有殊勋者的封号。《辍耕录》："答剌罕，译言一国之长，得自由之意，非勋戚不与焉。"参看韩儒林《穹庐集·蒙古答剌罕考》。

② 《元朝名臣事略》卷 10《尚书刘文宪公》。

验取得了明显的治效，因而更坚定了忽必烈任用儒生、采行汉法的信心和决心。

当时，燕京行省断事官牙剌瓦赤、不只儿总领华北、中原财赋，横暴特甚。一天之内，便滥杀28人。有一人犯盗马罪，已受杖开释，恰巧有人进献环刀，他们便又把犯人追回，手斩以试刀。忽必烈斥责了不只儿等的暴行，但这些官员得蒙哥信任，而且，财赋属于有司，他无法进行干预与厘正。于是他请准于蒙哥，在汴梁设立屯田经略司这一机构，以忙哥、史天泽、杨惟中、赵璧为使，使不受牙剌瓦赤等的牵制。西起邓州，驻重兵与襄阳成犄角，东连陈州、亳州、清口、桃源，列障戍守。选任贤才以为幕府的赞谋，于各郡县分置提领以察奸弊，均定赋税，改行钞法，设行仓以给军饷，严惩奸恶的官吏，并在邓州设置屯田万户，屯田于唐、邓等州，授以兵、牛，敌至则御，敌去则耕[①]，"不二三年，河南大治"。为了改变过去军储所在征收山东、河北丁粮时惟计值折取银帛的作法，在卫州设立都运司，令民纳粟，官筑五仓于河上收储，从而改善了军粮的

---

① 参见《元朝名臣事略》卷8《左丞姚文献公》；卷7《丞相史忠武公》及《元史》卷4《世祖纪一》。

供应。

　　1253年，忽必烈取得关中为分地。当时诸将皆筑第京兆，豪侈相尚，忽必烈把他们分遣到兴元诸州去戍守。此外，设置从宜府于京兆，屯田凤翔，又奏割河东解州盐池的收入以供军食，募民受盐入粟，转饷四川前线。还设立京兆宣抚司，以孛兰、杨惟中为使，商挺为郎中。以姚枢为劝农使，督民耕植；许衡为京兆提学，兴办教育。立行部于秦州以任转漕，立交钞提举司，印钞以佐经用。关陇地区的状况很快有了显著的改变。

　　征云南　1252年6月，忽必烈奉命率师往征云南。大军发六盘山，大将兀良哈台（速不台之子）及诸王阿必失哈（察合台曾孙）、也只烈（合赤温曾孙）、抄合及左手诸宗王50余人从行。1253年8月，师至临洮，9月进至忒剌（今四川松潘），从这里分兵三路：兀良合台率西路由晏当（或作旦当，今丽江北部）进；也只烈率东路军，由白蛮境进；忽必烈居中，进破满陀城。10月，渡过大渡河，经行山谷2 000余里，抵金沙江，乘木筏和革囊以渡。摩娑蛮出降。11月进至白蛮（蒙古语称察罕章）境，白蛮款服，遂及于大理。大理国是白族所建立的地方政权，这时，正是国势衰颓，国主段兴智孱弱，大权旁落，高祥、高和兄弟擅权。忽必烈派使者招降，高祥杀使者凭城据守。1254年初，蒙古军破龙首关（上关），进围大理城，高祥弃城走。忽必烈进入大理城后，令姚枢裂帛为旗，书写止杀之令，公布于街衢。此时西路兀良哈台军亦至，两军会合，忽必烈亲出龙尾关（下关），进抵赵睑，令大将霸都鲁追击高祥，擒斩于姚州。于是，忽必烈留兀良哈台率军继续对云南诸部进行征服，以刘时中为宣抚使，进行抚治，自己则班师北还。

营建开平 忽必烈南驻扎忽都之后，通常住幕在桓州与抚州的草地，仍保持蒙古人帐居野处、冬夏迁徙的习惯。随着政治需要的增加，1256年，忽必烈令子聪卜地于桓州东、滦水北之龙岗，营建宫城，以为驻节之所，定名为开平府（今内蒙正蓝旗东50里）。工程由贾居贞、谢仲温等负责，三年告成。

开平位于蒙古草地的南缘，地处冲要。它北连朔漠，便于与和林的汗廷保持联系；南则便于就近控制华北和中原。把它定为驻节之所，不但符合忽必烈以一个藩王而总领汉地的统治需要；而且"展亲会朝，兹为道

43

里得中"①，有地理上的近便。从大蒙古国向元王朝转化的过程中，蒙古统治者的政治中心，从漠北的和林逐渐向大都转移，开平的修建，便是这个游牧行国向中原王朝转化的过渡阶梯。

忽必烈依靠汉人儒士整饬河南、陕西吏治的行动，招致了一部分蒙古守旧贵族的忌刻和不满。有人向蒙哥进谗言说，忽必烈得"中土"（中原）人心，图谋难测。和藩府有关联的汉地官员扣克本应解缴汗廷的财赋以私奉忽必烈的事例，也引起了蒙哥的警觉。蒙哥"自谓遵祖宗之法，不蹈袭他国所为"②，这同忽必烈采行汉法、改更蒙古旧制的主张是完全对立的。学习汉文化并改行汉法，不但是落后的征服者想要把对中原地区的统治稳定下来之所必需，而且也有利于蒙古族的发展和北中国社会生产的恢复。因此，非常明显，在对待实行汉法问题上，蒙哥的态度是保守的、消极的；而忽必烈则是进步的、积极的。政治路线的不同，更加剧了这对兄弟之间的猜忌和矛盾。

1257 年春，蒙哥以王府诸臣多擅权为奸利事为名，

① 《元文类》卷 22 袁桷《上都华严寺碑》。
② 《元史》卷 3 《宪宗本纪》。

派遣了亲信阿兰答儿、脱因、囊加台、刘太平等理算陕西、河南等处钱谷，置局于关中，大行钩考（检核财赋）。审查的对象集中在忽必烈所设置的经略司、宣抚司等机构的大小官员，列为罪状142条，几乎所有忽必烈藩府的旧臣都被罗织在内。阿兰答儿声言：俟钩考完毕之日，除万户史天泽、刘黑马二人将报请蒙哥处理外，对其余的人都可便宜径行处死。蒙哥并下令解除忽必烈在汉地的统军权①。忽必烈忧惧非常，计无所出。姚枢献策说："大汗是君，是兄；大王是臣，是弟，我们不可能同他计较是非。而且远离在外，必将受祸。为今之计，不若尽将王府诸妃遣归汗廷，作在那里久居的打算。这样大汗的疑心自可消除，君臣、兄弟之间可望复好如初。"忽必烈听后，颇有难色。第二天，姚枢又向他提出这一办法，并表示"臣过此更无良策"。忽必烈这才勉强听从。这年冬天，蒙哥正准备亲征南宋，度漠而南，至于河西，忽必烈尽携家室入觐。蒙哥听到忽必烈尽携家室来觐的报告，仍不肯相信，认为其中必有阴谋，令忽必烈留下家属辎重，单身来见。兄弟相见，

---

① 《元朝名臣事略》卷11《参政商文定公》引姚燧《谭澄神道碑》。

蒙哥疑心稍释，才不再对忽必烈进行追究，同时停止了对陕西、河南的钩考；但仍尽数罢除忽必烈所设安抚、经略、宣抚、行部诸机构。

三、蒙哥南征

1256 年的一次诸王贵族忽里台上，蒙哥决定大举亲征南宋。他任幼弟阿里不哥，辅以己子玉龙答失留守漠北。1257 年蒙哥度漠经河西，进抵六盘山，1258 年8 月出师南征。蒙哥亲率西路军四万，号称十万，由陕入川。东路则委派左手诸王塔察儿（帖木哥斡赤斤曾孙）率领，出荆、襄。并约会在云南的兀良哈军循广西、湖南北上，期会于长沙。被解除了军权的忽必烈，则以其有足疾为由，令留家休养。

蒙哥的这次南征，从战略角度看，在军员和物资的准备、将帅的任命、舆情的制造以及主攻方向的选择、总体计划与诸路军的配合等各个方面，都无不存在问题。有识之士认为"中原土旷民贫，劳师远伐，恐非计也"[①]。

---

① 《元史》卷 153《刘敏传》；卷 157《郝经传》。

稍后，当蜀中战事正在进行时，郝经在向忽必烈进呈的《东师议》一文中指出：蒙古军早期能够所向克捷，主要是利用骑兵，用奇致胜。用奇必须是出其不意，攻其不备。蒙哥亲征四川，六师雷动，实是舍奇而用正。四川地区，限以大山深谷，扼以重险荐阻，迂以危途缭径。我方乘险以用奇则难，敌方因险以制奇则易。况且主客双方力量悬殊，我方的战略企图明显暴露。敌方坚壁清野以待之，我无虏掠以为资，无俘获以备役。这就形成以有限之力，冒无限之险，虽有奇谋秘略，无所用之。主动完全丧失，兵势滞遏难前。其结果必然是再竭三衰，所谓强弩之末，势不能穿鲁缟。战事的结局表明，郝经的这些担心和估计是正确的。

蒙哥的西路军三道分进。蒙哥本人由陇州入散关，亲王木哥由洋州入米仓关，万户孛里叉由渔关入沔州。在川西方面，则令纽邻留密里火者和刘黑马守成都而率其本部渡马湖，进围叙州。10月，蒙哥渡嘉陵江，至白水江。11月，陷大获山，进据青居山。这时，统帅东路军的诸王塔察儿已略地至郢州沿江之地，无功而返，并会于行在所。蒙哥严旨切责，且言将予惩处，塔察儿因此大为不满。

当蒙哥触瘴犯险，亲征四川时，被迫留家养病的忽必烈却安闲度日。近侍、康里部人燕真提醒忽必烈说："主上对殿下素怀猜疑心。现在乘舆远涉危难之地，亲历征战，而作为皇弟的你却在家安处，这样子能行吗？"忽必烈深然之①。于是遣使于蒙哥，请求能允许他从征。其时，正值塔察儿无功受谴，蒙哥便令忽必烈代塔察儿总率东路军按原计划继续进攻鄂州。蒙哥本人，12月挥军攻取大良坪。1259年2月，进迫合州城下。南宋合州知州王坚凭借钓鱼山天险，顽强固守，蒙古军屡攻无效，进退两难。夏暑既届，军中疬疫流行。7月，蒙哥病死在钓鱼城下。蒙古军仓皇北撤。

忽必烈奉旨在1258年11月自开平启行，翌年2月，会左手诸王于邢州。5月，在小濮召集宋子贞、李昶等，访问时政得失。8月，渡淮河，入大胜关，至黄陂，抵鄂州江北，饮马长江。早在8月中，忽必烈已听到蒙哥死去的消息，9月初，收到了木哥自合州送来的正式讣闻。但他始终坚不为动，继续挥军渡江，进围鄂州；同时遣大将霸都鲁率舟师趋岳州，以接应自云南

---

① 《元史》卷130《不忽木传》。

转斗数千里北上的兀良哈台军。这时，南宋派往四川增援合州的吕文德部，带着蒙哥已死，蒙古军北撤的胜利消息，返还鄂州，军民大受鼓舞，城守益坚。南宋丞相贾似道督率的援鄂大军也四面云集；两淮之兵尽集于白鹭，江西之兵集于隆兴，岭广之兵集于长沙，闽、越的舟师，亦溯江逼近。失去了西路的策应而陷于孤军深入的忽必烈，形势顿时严峻起来。如果宋师乘机"遏截于江、黄津渡，邀遮于大城关口，塞汉东之石门，限郢、复之湖泺"①，阻断归路，蒙古军便有欲归难得的危险。

而且，问题的严重还远不止乎此。就在忽必烈可能陷入归路断绝，孤立无援的险境的当儿，后方又传来了留守和林的幼弟阿里不哥图谋夺取大汗位的消息。忽必烈的长妻察必自扎忽都派遣使者太丑台、也苦来报告说：阿里不哥正遣其亲信朵儿只、阿兰答儿来到漠南，征发蒙古和诸乣军队，其意不明。当时蒙古人的习惯，信使传递文书消息时，往往使用有韵的微言隐语来表达其内容，言简而意切。察必的来信中就有"大鱼小鱼之头被断，汝与阿里不哥之外，尚有谁存？汝能来归否"

---

① 《元史》卷157《郝经传》。

的隐喻①。这个消息对于忽必烈来说，真不啻是惊雷劈顶。本已十分严重的形势，由于后方失火，根据地发生动摇而益趋于险恶。

在郝经进呈的《班师议》一文里，他正确地权衡形势，指出"宋人方惧大敌，自救之师虽则毕集，未遑谋我"。因此，真正的危险不在敌方，而在内部。内部的形势则极为复杂。"塔察国王（即塔察儿）与李行省（领有山东的军阀李璮）肱髀相依，在于背胁②；西域诸胡窥觇关陇，隔绝旭烈大王（即旭烈兀）；病民诸奸（指北方的汉人军阀），各持两端，观望所立，莫不觊觎神器，染指垂涎。"③他们都可能乘机作乱，而使忽必烈陷于腹背受敌的绝境。而且，事实上，这时阿里不哥已派脱里赤为断事官，行尚书省，据燕京，按图籍，号令诸道，行使大汗的权力。郝经引金海陵王的覆亡为鉴：1160年，海陵王大举侵南宋，孤军深入，在强渡长江时为宋虞允文挫败于采石矶；同时金世宗又在后方自立。于是内乱顿起，海陵王被弑。忽必烈的遭遇颇类似

① 《成吉思汗的继承者》，第 248 ～ 249 页。
② 李璮娶塔察儿国王之妹为妻，见祝允明《前闻纪》。
③ 《元史》卷157《郝经传》。

当时的海陵王，历史悲剧很有可能重演。因此，郝经、廉希宪等僚佐们一致向忽必烈建议，应该不惜以归还占地为条件与宋人议和；并立即轻骑北返，控制燕京，以稳定漠南的局势；然后遣军迎蒙哥灵柩，收大汗宝玺，召集诸王会丧和林，以正大位。这是当时唯一一条绝处求生的通路。忽必烈接受了这一建议。可巧这时，卑怯的贾似道因惧怕与蒙古军决战，而密遣幕客宋京前来约和，提议双方划长江为界，南宋每年纳给蒙古绢银各20万匹两。求之不得的忽必烈立即答应了贾似道的请求，把军队交付霸都鲁统率，预定在六天之后，陆续撤过长江，驻扎以待后命。11月初，他便轻骑简从，星夜兼驰，于20日返抵燕京。奉阿里不哥之命正在燕京括集军队的脱里赤，完全没有料到忽必烈突然返还。忽必烈便假传蒙哥临终之命，把已签发的军卒遣散，并急召霸都鲁等率军北还。一场新的汗位争夺战又开始了。

第四章　为建立新王朝而斗争

一、开平践祚

蒙哥生前，对继承问题没有任何安排。他的猝然去世必然引起新的汗位争夺，竞争主要是在忽必烈与阿里不哥之间展开。

阿里不哥序属拖雷正妻唆鲁和帖尼的幼子，又有受任留守和林，控制蒙古本土的便利。他既有在漠北的诸王贵族的支持，又是未来的选汗忽里台的合法组织者。因此，在汗位的竞争中，他处于远较忽必烈优越的地位。在得到蒙哥的死讯后，阿里不哥一面以当然的监国身份，遣使于诸王贵族，约会前来鄂嫩-克鲁伦之地，为蒙哥举哀发丧，同时筹开选举大汗的忽里台；一面他也采取措施，以防止忽必烈可能的反抗。

忽必烈的支持者主要是组成东路军的左手诸王也先哥（合撒儿子）、忽剌忽儿（哈赤温孙）、塔察儿（帖木哥斡赤斤孙）、爪都（别里古台孙）以及属于右手诸王的合丹（窝阔台子）、阿只吉（察合台孙），勋贵霸都鲁、兀良哈台等。在所有左手诸王中，合撒儿后王地位较尊。在成吉思汗分封中，"在所有的兄弟和侄儿之中〔特别看重他（指合撒儿）〕，按照作为兄弟和宗王在习惯上应得的权力，将〔崇高的〕官位和封号授予他和他的儿子们。直到现今，在全体叔伯和堂兄弟之中，成吉思汗的兀鲁黑（突厥语，此处有亲属、后王之意）只让拙赤-合撒儿的兀鲁黑坐于宗王之列，其余都坐在异密（波斯语大臣）之列"①。但就实力而言，则帖木哥斡赤斤之后最强。成吉思汗特别分赐帖木哥五千军队。"这五千人由于蕃衍而变成一支庞大的军队，遂使他享有很高威望。"②帖木哥所得的土地人户，仅稍弱于忙兀、兀鲁、扎剌儿、弘吉剌及亦乞列思五部诸侯的总和，因此帖木哥的后王塔察儿在左手诸王中具有举足轻重的作用。忽必烈利用塔察儿因出征无功受蒙哥谴责的不满情

① 《史集》第 1 卷第 2 册，第 66 页。
② 《史集》第 1 卷第 2 册，第 72 页。

绪，进行拉拢，派廉希宪前往馈赠饮食。廉希宪乘间运动塔察儿，让他出面，率先推戴忽必烈作大汗。塔察儿欣然应允。经过短时间紧张的活动，忽必烈抢先在1260年3月1日在开平自行召开忽里台。会上，合丹、阿只吉率右手诸王，塔察儿、也先哥、忽剌忽儿、爪都率左手诸王，按照事先的酝酿，合辞劝进，请忽必烈即大汗位。在匆匆经过例行的选举仪式后，24日，忽必烈即位为大汗。

在由王鹗起草的即位诏书里，忽必烈就蒙古国建立以来的政治路线进行了总结，说："朕惟祖宗肇造区宇，奄有四方，武功迭兴，文治多缺，五十余年于此矣。盖时有先后，事有缓急，天下大业，非一圣一朝所能兼备也。"[1] 从1206年成吉思汗统一蒙古诸部开始，征伐连年，其武功确是前无古人的。然而，可以取天下于马上，而不可以马上治天下，特别是不可以用草原游牧民的一套来治中原。这本是很明白的道理，但要使"只识弯弓射大雕"的游牧民奴隶主了解这一道理毕竟不是很容易的事。蒙古统治者理解这一道理，前后用了50多

---

① 《元史》卷4《世祖纪一》。

年的时间。这固然是渐进转化所必然，但时间却也迁延过长，形势已非有所改变不可了。否则，蒙古的统治就无法再维持下去。早从潜藩时代开始，忽必烈就已充分认识到改变这种情况的迫切性。他对汉儒治道的足够认识，又使他对如何改变这种情况早已成竹在胸。现在，正是他施展"大有为于天下"的抱负，实践他的理想的时候了。因此，他一登位便提出了一条新的文治路线，明确宣布："爰当临御之始，宜新弘远之规。祖述变通，正在今日。"①他仿照中原王朝的惯例，正式建元"中统"。所谓"中统"，意思是中朝正统，即以承继中原王朝的正统自命。从这个时候起，蒙古国的发展，开始进入了一个新的阶段。

从开平即位的同一天起，忽必烈就秉着"立经陈纪"的原则，开始新的政权建设，"内立都省，以总宏纲；外设总司，以平庶政"②。首先任祃祃、赵璧、董文柄为燕京路宣慰使，以巩固后防基地。4月1日，始立中书省，以王文统为平章政事，张文谦为左丞。王文统，字以道，益都人，有权谋，原是山东行省李璮的

---

① 《元史》卷4《世祖纪一》。
② 《元史》卷4《世祖纪一》。

幕士。李璮令子彦简师事王文统，王文统以女妻李璮，"由是军旅之事，咸与咨决"。忽必烈素闻其名，故首加擢用，委以更张庶务之责。在中统初元的政权建设活动中，王文统是最主要的设计者。《元史》本传说："元之立国，其规模法度，世谓出于文统之功为多。"5月，置十路宣抚司，以赛典赤、李德辉为燕京路宣抚使，徐世隆为副；宋子贞为益都、济南等路宣抚使，王磐为副；原河南路经略使史天泽为河南宣抚使；杨果为北京等路宣抚使，赵炳为副；张德辉为平阳、太原路宣抚使，谢瑄为副；孛鲁海牙（廉希宪之父）、刘肃并为真定路宣抚使；姚枢为东平路宣抚使，张肃为副；中书左丞张文谦为大名、彰德等路宣抚使，游显为副；粘合南合为西京路宣抚使，崔巨济为副；廉希宪为京兆等路宣抚使。且颁行条格，"欲差发办而民不扰，盐课不失常额，交钞无致阻滞"[1]。7月，改燕京宣慰司为燕京行省，以祃祃行中书省事，王文统、赵璧为平章政事，张易为参知政事。1261年（中统二年）5月，对中书省和燕京行中书省进行了大改组和调整。以不花、史天泽为中书

---

[1] 《元史》卷206《王文统传》。

右丞相，忽鲁不花、耶律铸为左丞相，廉希宪、塔察儿（与诸王塔察儿为另一人）为平章政事，张文谦为左丞，张易为右丞，杨果、商挺为参知政事。而以右丞相史天泽，平章王文统、廉希宪，右丞张易行省事于燕京。从这一批高级官僚的名单里，我们可以看出：开平汗庭和地方的行政长官，最初几乎完全是一批汉人儒士；即使是畏兀儿人布鲁海牙、廉希宪父子和契丹人粘合南合，也都是汉化较深的少数民族。譬如廉希宪，从青年时代就奉忽必烈之命，师事王鹗，"笃好经史，手不释卷"①，忽必烈称他为"廉孟子"。1261年中书经过调整后，增入了蒙古世胄不花、忽鲁不花和塔察儿等三人。他们都是年事颇轻，没有实际政治经验和行政能力，只能起象征性作用的人物②。

与此同时，忽必烈也加强军队的组建。蒙古制度，诸王贵胄均各有怯薛。但当时直属于忽必烈的护卫部队规模并不很大，南征时的东路大军也只是临时抽调组成。忽必烈即位后，5月，征诸道兵 6 500 人赴京城宿

① 《元史》卷126《廉希宪传》。
② 据王恽《中堂事记》：不花时年三十三，忽鲁不花三十一，塔察儿二十八。这几个人后来在事功上并无显著成绩。

卫；又抽调原随史天泽出征（属西路）的忙古觯、严万户（忠济）、济南路军（张宏所部）、脱赤剌、乣查剌、马总管等部队至京城充担城防军，用这些部队组成了直属的宿卫军（名为武卫亲军），任董文柄、李伯祐（史天泽姻亲）为都指挥使。构成忽必烈军事力量的支柱中，除左手诸王与弘吉剌、亦乞列思、忙兀、兀鲁兀、扎剌亦儿五部投下外，汉人军阀中，史天泽以右丞相而受命节制所有河南军民，此外，尚有亳州张柔，归德邸浃，睢州王文干、解成、张荣实，东平严忠嗣，济南张宏等七万户。上述材料表明：在行政与军事两个重要方面，和前此蒙古国相比，组成忽必烈新政权成员的民族成分已经有了明显的变化。

二、与阿里不哥的汗位争夺战

阿里不哥听到忽必烈自立为大汗后，1260 年 5 月，也匆匆纠合了一批附己的宗亲、勋旧，即大汗位于阿勒台（阿尔泰山）的驻夏之所[①]。与会者中，包括察合台

---

① 《元史·世祖纪》谓"僭号于和林城西按坦河"。"按坦"即阿尔泰，"河"字当为误植。

汗国的统治者、合剌旭烈兀的寡妻兀鲁忽乃妃子，蒙哥诸子阿速台、玉龙答失，察合台孙（拜答儿之子）阿鲁忽，塔察儿之子乃蛮台，合丹之子睹尔赤等。阿里不哥随即分遣两军，分东西两路南下，对忽必烈采取攻势。东路由玉木忽儿（旭烈兀子）、合剌察儿（术赤孙、斡鲁朵子）率领，出和林，逾漠而图犯开平、燕京；西路由大将阿兰答儿率领，下河西走廊，企图与屯守在六盘山的浑都海部会合。

与此同时，忽必烈也加紧军事准备。5月，他亲自率师北征①，先锋也先哥、纳邻合丹②与阿里不哥军在麻思契之地遭遇，三战皆捷③。阿里不哥败退乞儿吉思。

当时，情况最为复杂的是关中地区。蒙哥死后，其子阿速台星夜扶枢护玺返回漠北。大部分军队则由大将哈剌不花领率，退屯六盘山，与原来留驻在这里看守辎

① 《元史·世祖纪一》：7月，"帝自将讨阿里不哥"，9月，驻转都哥儿，10月驻昔光。然据《藁城志》所载王磐撰《藁城令董公（文柄）遗爱碑》及《赵国忠献公神道碑》，皆谓北征在5月。
② 纳邻合丹犹言小合丹，以区别于也可合丹（大合丹）。关于纳邻合丹之世系，《史集》所记殊矛盾，无可确考。
③ 《元文类》卷16李冶：《车驾班师贺表》载"衣暂试于一戎，月连飞于三捷"。

重的浑都海军会合。阿里不哥在即汗位前便任刘太平、霍鲁怀行尚书省事于关右，图控制陕川。这两个人都是忽必烈的旧对头。他们到任后，名为接应川蜀，实际上是要与六盘山驻军互为表里，配合行动。驻四川的蒙古军统帅纽邻的部属们与六盘军关系十分密切，副帅乞台不花是阿里不哥的支持者。他们的军士也因家属原在漠北，多怀思念之情，军心难测。如果驻六盘山的这支劲旅悍然进据京兆，刘太平、霍鲁怀、乞台不花等乘势响应，秦、陇、陕、蜀就将尽为阿里不哥所有。即令它屯军六盘，窥隙而动，关陇地区也将在它的威胁之下，对初基未稳的忽必烈来说，形势也仍然是严峻的。

早从渡江围鄂时，忽必烈就密切关注这一地区形势的发展，先后遣廉希宪和赵良弼前往侦伺。即位之后，便将关右、四川合置为一道，任廉希宪、商挺为宣抚使、副，星驰赴任。刘太平、霍鲁怀得到消息后，在5月1日急忙抢先入京兆城，密谋为乱。初三日，廉希宪也进驻京兆。他大集官吏，宣示诏旨，并遣使安抚六盘山的军将。十数日之后，廉希宪得讯，他所派去的使者已为浑都海所杀，浑都海且已与刘太平、霍鲁怀暗中联系，图谋作乱，便立即采取断然措施，矫用忽必烈的旨意，捕杀刘太平与霍鲁怀。同时，遣使诛乞台不花于东川，诛明里火者于西川。又权宜命汪惟良征集秦陇、平凉等处诸军，命八椿招募陕右新军，以加强关中的防务，初步掌握了川陕的局势。

对于忽必烈来说，最是幸运的，莫过于这时六盘山的大军不但没有乘势直捣京兆，反而因久役思归，竟匆匆沿河西走廊北撤。这就大大地缓和了关中的形势，使廉希宪赢得宝贵的时间，从容调度，以加强对关陇的控制。9月，这支北撤的大军行至甘州，正碰上阿里不哥所派遣的阿兰答儿所部南下军。两军会合后，哈剌不花因与阿兰答儿意见不一，径自领军继续北返。浑都海则复偕同阿兰答儿折回，东窥关中，并遣人分别约结纽邻等陇蜀军将，传阿里不哥诏令。顿时川陕形势又大大紧张起来。接着，浑都海等又败廉希宪所遣尾随的前军。成都的百家奴、兴元的忙古带、青居的汪惟正等都纷纷遣使向廉希宪告急说："人心疑危，仓粮不继，恐南寇（指南宋）生心，事或莫测。"[①] 不少人主张放弃四川，退守兴元。但是，这时的形势已和三个月前有了很大的

① 《元名臣事略》卷7《平章廉文正王》。

不同，东路忽必烈的亲征已取得了胜利，关陇的防务也大有增强。由诸王合丹和汪良臣、八椿所率的军队在删丹（今甘肃山丹县）东与浑都海、阿兰答儿大战。合丹列阵于北，八椿在南，汪良臣居中。正值大风扬沙，汪良臣令军士下马，以短兵突破敌军左阵，绕出阵后，又穿其右阵杀出；八椿直捣前阵；合丹勒精兵截击其归逃之路。敌军大败，阿兰答儿、浑都海均被擒斩。"西土悉平"，漠南财赋之地已全部牢牢地落入忽必烈的掌握中。

败走乞儿吉思的阿里不哥，在物资供给上立刻陷于困境。"据惯例，自契丹（指汉地）为哈剌和林以车载来食物与饮料。忽必烈合罕乃断绝交通，其地遂大困于饥馑。"[①] 阿里不哥计无所出，便派遣在汗庭的阿鲁忽前往主持察合台汗国事，征集兵械粮饷，以充接济；同时，防守西面阿母河的边境，阻止旭烈兀东援忽必烈。当时，察合台汗国也是忽必烈与阿里不哥相互争夺的重要目标。双方都想把亲附于己的察合台后王派往作汗，使为己用。忽必烈在即位后曾派阿必失哈（不里子，木

---

① 《成吉思汗的继承者》，第 253 页。

额秃干孙）前往主汗国事。但阿必失哈在中途为阿里不哥的逻卒捕获。在败走乞儿吉思后，阿里不哥把阿必失哈处死，于是便有派遣阿鲁忽的决定。但是，事与愿违，狡猾的阿鲁忽，在离去之后，"如箭离弦，始自谋其事。当彼至合失哈儿时，已聚有骑卒约十五万人，遂叛而抗命"。

1261 年 9 月，经过了休整补充的阿里不哥，举兵突袭驻守漠北的也先哥部，也先哥军失备大溃。阿里不哥军逾漠而南，忽必烈匆匆集军迎击。10 月，命赵璧、怯烈门领蒙、汉军驻守燕京近郊及太行山一带，东起平、滦，西迄关、陕，凭险扼守。分命张柔等七个汉军万户率兵北上，以线真将右军、史天泽将左军，御敌于大漠南缘的昔木土脑儿（脑儿蒙语意为湖）。诸王合丹居右，诸王塔察儿居左，诸王合必赤将中军，奋力进击，重创阿里不哥所部外刺军，斩其将合丹。阿里不哥败退。旬日之后，统领阿里不哥后军的阿速台赶至，两军复大战于失儿干脑儿[①]。忽必烈亲自督战，挫败了敌军的右翼，但在左翼方面则两军杀伤相当。双方的军队

---

① 《成吉思汗的继承者》，第 257 页。《元史》卷 120《术赤台传》作失烈延塔兀。颇疑"塔"为"脑"之误。

随之各自引退。这年冬天，双方仍在沙漠的边缘对峙。

由于征发军资粮饷于察合台汗国的阿鲁忽归顺忽必烈，阿里不哥愤而于1262年春，发师西征阿鲁忽。忽必烈于是乘机收复和林。但正在这时，汉地传来了李璮叛乱的消息，忽必烈只得迅速南还。阿里不哥在逐走阿鲁忽之后，进据阿力麻里（今新疆霍城西北）住冬。他纵兵残杀掳掠，终于导致众叛亲离，军势日蹙。而逃亡于撒马尔罕的阿鲁忽却重整队伍，进图报复。兵残饷乏的阿里不哥已无力自存，被迫在1264年（至元元年）7月归降忽必烈，旋即病死。

忽必烈与阿里不哥的战争，由于双方政权在经济、社会基础与政治路线上已各有不同，因而其性质已超出旧有的成吉思汗黄金氏族间单纯的汗位争夺。忽必烈对阿里不哥的胜利，使他得以摆脱蒙古贵族守旧势力的牵制，放手"变通"祖制，采行"汉法"。从这个意义上说，它是革新派对守旧派的胜利，是具有进步作用的。

三、李璮的叛乱

成吉思汗南侵时，山东、河北等地农民起义蜂起。

其中山东淄、青的杨安儿聚众数万，号红袄军。这支农民军经过演变，蜕化成为李全所领导的割据山东的军阀，后投降蒙古。李全犯南宋时战死，其子（或谓养子）李璮袭领益都行省，仍得专制所属。李璮对于蒙古统治者外示臣服，实则心怀观望。1258年，蒙哥南伐，征兵于李璮，李璮以"益都南北冲要，兵不可撤"为由，拒不发兵。蒙哥也只好勉徇所请。忽必烈即位后，李璮暗中加紧整军备储。益都城原是因涧起城，颇称坚固，李璮更包以砖石，且大增储粟。又擅自大量截留山东的盐课和赋税，市马于诸路。他自行印造涟水会子，而不使用忽必烈所发行的中统交钞。他屡次伪造边警，"恫疑虚喝，挟敌国以要朝廷，而自为完缮益兵计"①。对于李璮的居心叵测，很多人都有所察觉，并向忽必烈作了密报。但是，当时忽必烈正倾全力对付北边的阿里不哥，无力兼顾。因此，忽必烈不惜以高爵重赏来安抚李璮，以换取后方暂时的安定。1260年6月，加李璮为江淮大都督；7月，赐金符二十、银符五，俾给所部有功将士；又特诏予以褒奖。1261年，以涟水之捷，

---

① 参见《元史》卷206《叛臣·李璮传》；《元文类》卷50张起岩《济南路大都督张公行状》。

赐金符十七、银符二十九。当时的李璮，手中掌握一支人数五万的精兵，内有自己的姻翁王文统充任忽必烈的中书平章政事，得参机务；外而娶诸王塔察儿妹以结好于蒙古贵族；又有子封平州总管，作为羽翼；且与山东、河北诸地方军阀书信相通。这确是一个不可忽视的潜在威胁。

忽必烈与阿里不哥的连年鏖战，上下难分，促发了李璮乘机称叛的决心。他不听王文统暂缓举兵的劝告，1262年正月，通知他在朝中为质的儿子彦简私自逃还；遣使于南宋，献涟海三城，请求宋人配合支援。2月3日，正式布檄举事，歼除蒙古戍兵，自海州乘舰回师益都。南宋在初接到李璮的款书时，对他并不相信，待到收复涟海后，始封李璮为保信宁武军节度使，督视京东河北等路军马、齐郡王，且令知淮安州、兼淮东安抚副使夏贵发兵以为应援。但是，李璮款宋并不是出于真心；宋人对于李璮，也并不完全信任。夏贵在符离、蕲县等处虽采取了一些行动，却不足以对忽必烈一方构成牵制和威胁。因此，李璮的行动，其实是一旅孤军[①]。

---

①　参考拙作：《李璮之乱与元初政治》，载南京大学历史系编《元史及北方民族史研究集刊》第4集（1980年）。

正乘阿里不哥西征而进据和林的忽必烈，听到李璮叛乱的消息，立即转旆而南。他请姚枢分析形势。姚枢说："从李璮来说，此行可以有三策。乘我北征之隙，濒海而直捣燕京，然后闭我于居庸之外，使中原解体，这是上策。与南宋连和，据益都为持久计，扰我边地，使我疲于救应，是中策。如出兵济南，幻想山东诸侯响应，就将束手就擒，是下策。"忽必烈问：那么，李璮将会出何策呢？姚枢肯定地说：走下策。事实表明，姚枢的判断是完全正确的。

李璮在 2 月初还据益都，大发府库犒赏将校，果然便发兵前取济南。"民闻璮反，皆入保城郭，或奔窜山谷。由是自益都至临淄数百里，寂无人声。"① 济南城守空虚，张荣弃城仓皇北走。26 日，李璮入据济南。

与此同时，忽必烈匆忙调遣诸军。2 月 18 日，命水军万户解成、张荣实，大名万户王文干、万户严忠范诸军齐集东平。济南万户张宏、归德万户邸浃、武卫军炮手元帅薛军胜等会集于滨棣。20 日，以诸王合必赤总督诸军征进；以不只爱不干、赵璧行中书省事于山东

① 《元史》卷 206《李璮传》。

配合。又命河北诸县皆籍军守城。兵员不足，则括木速蛮（伊斯兰教教长）、畏兀儿、也里可温（基督教徒）、答失蛮（伊斯兰教徒）等户为兵。3月17日，阿术、史枢率诸军抵济南，与李璮军遭遇。李璮失利，退保济南城。4月，忽必烈大军树栅凿堑，把李璮牢牢地围困在城内。接着又加派右丞相史天泽专征，节度诸军。

李璮在进兵济南时，曾移檄四方，希望取得山东、河北诸地汉人军阀的响应。但是，应者寥寥，使自己陷于十分孤立的境地。困守济南后，更失去了活动的余地，已无法逃脱坐以待毙的厄运。7月，城中粮尽，全军解体。李璮投大明湖自尽，不死，被俘。史天泽以"宜即诛之，使安人心"为由，即军前处死。山东的乱事很快得到平服。

李璮叛乱的发生，对忽必烈造成了极大的震动。这不单是一次威胁甚大的地方诸侯叛乱，而且还因为：第一，李璮的亲信、叛乱的预闻者王文统竟打入到他的身边，担任了中书省平章政事的要职；第二，山东、河北的一些汉人军阀，事先曾与李璮书信交通。正如姚枢所估计的，李璮之所以兵出济南，原是期待可以取得他们的响应，可见其中自有不可告人的事实。显然，这两点，哪一点都比叛乱本身带有更大的危险性。

叛乱发生时，因查明王文统与李璮有书信交通。王文统给李璮的信中有"期甲子"（1264年）语，忽必烈责问他这句话是什么意思。王文统回答说："李璮久存反叛，我本打算早予告发，只是因为北方未靖，陛下亲征，所以迟迟未行。我让他拖到甲子年再举事，是想为陛下推迟他的反叛之期。"2月23日，王文统被处死。忽必烈进而追究王文统的来路问题。曾经在他面前推荐过王文统的廉希宪、张易、商挺、赵良弼和子聪等都受到怀疑，认为有勾结王文统、朋比奸欺的罪行。兴元同知费寅又上告廉希宪是王文统在西南地区的朋党。忽必烈于是把与此案有关的商挺、赵良弼都逮捕审讯。经过查明费寅是诬告，商、赵始得无罪释放。被怀疑的其他藩府旧臣也在查明真相后解除了嫌疑，并继续受到重用。但这一事件对于忽必烈心理上所造成的猜忌阴影却是难以尽消的。

对地方的汉人军阀与李璮交通的问题，追究起来，更是十分微妙和复杂。济南张荣的儿子、邳州行军万户张邦直曾经附叛；张柔的儿子弘略以及游显等都与李璮书信相通。而且，眼前还有史天泽军前杀掉李璮的事。

按照常理，生获李璮应该献俘京师，至少也应该请示处置之法。史天泽超乎权限而擅杀李璮，很难认为没有杀人灭口的嫌疑。这批人都是坐拥一方的军阀，如果穷加追究，很可能会激成反抗。因此，忽必烈对此显得特别慎重和有节制。对张邦直的罪名，仅论其违制贩马；对张荣的孙子济南万户张宏，也曲法优免；对张弘略等也以"书皆劝以忠义"，不加追究。但是，另一方面，忽必烈却巧妙地利用当时有利的形势，迫使这批军阀们交出由家族世袭、子侄包揽的地方军民权力。史天泽率先上书，说："兵民之权，不可并于一门，行之，请自臣家始。"① 于是史氏子侄即日解兵符者17人。张柔诸子中，弘略、弘范都例解兵权，严忠嗣也因是罢官家居。与此同时，忽必烈又相继采取了以下几项措施：

（一）罢诸侯世守，行迁转法（或称调官法）。1264年（至元元年）12月，廉希宪奏："国家自开创以来，凡纳土及始命之臣，咸令世守，至今将六十年，子孙皆奴视部下。都邑长吏，皆其皂隶僮使前古所无。宜更张之，使考课黜陟。"② 忽必烈采纳了这一建议。12月，正

① 《元史》卷154《史天泽传》。
② 《元史》卷126《廉希宪传》。

式罢诸侯世守，立旋转法。这就从根本上改变了金末以来地方军阀世守一方、实同列国的混乱状况，使中央集权政治重新确立起来。据记载："至元之罢侯守，民盖有视其故侯如路人，甚至追咎怒骂，如仇雠者。"① 可见这一作法是很受人们的欢迎的。

（二）地方实行军民分治。世侯军阀之家，尽操地方所有军、政、财权，爵人命官，生杀予夺，皆自己出。这就是他们强横难制，甚至可以拥军称叛的原因。李璮之叛平，忽必烈分益都军民之权为二，命董文炳领军，撒吉思长民，各司其职。1262 年（中统三年）12月又把这一规定推而至于其他州县，规定"各路总管兼万户者，止理民事，军政勿预。其州县官兼千户、百户者仍其旧"；"诸路管民官理民事，管军官掌兵戎，各有所司，不相统摄"。② 军、政分立，对防止地方官专擅、整饬吏治，无疑都有好处。

（三）削弱私家兼揽的权力。在例解诸侯子弟兵柄的同时，又在 1262 年 12 月正式规定："诸路管民总管子弟，有分管州、府、司、县及鹰坊、人匠诸色事务

---

① 《元文类》卷 50 张起岩《济南路大都督张公行状》。
② 《元史》卷 5《世祖纪二》。

者，罢之。"翌年正月，又成立了专领在籍军士家属的奥鲁总管（奥鲁，意为老小营），"凡奥鲁官内有各万户弟、男及私人皆罢之"。①

（四）易将。过去的地方军阀，把军队当成私家的工具，不归中央直接控制，这也是造成方镇骄横的重大原因。为了使兵归中央，将不擅兵，忽必烈有意让两处军队互易万户或另派万户。如以董文柄代史氏两万户为邓州光化行军万户，以史格代张弘范为亳州万户，而以史格原领之邓州旧军付张弘范。

（五）置万户府监战，选宿卫士以监汉军。

（六）取消汉人世侯的封邑。史天泽原封于卫州，自动申请归还朝廷。张柔、严忠济等所有的封户，均在1265年明令改为民籍，归属有司。

（七）禁民间兵器。1262年3月，在围困李璮中，即以"李璮兵败，谕诸路禁民间私藏军器"。1263年正月，禁民家兵器。2月，诏"诸路置局造军器。私造者处死。民间所有不输官者，与私造同"②。

很明显，忽必烈的所有这些措施都是针对汉人而发

---

① 《元史》卷5《世祖纪二》。
② 《元史》卷5《世祖纪二》。

的，反映了他在思想与实际行动上对汉人忌刻的加深。因此，尽管这些措施在确立中央集权政治方面具有进步意义，但同时也包含民族猜疑与歧视、压迫的消极成分，对于尔后政治的发展，具有重要的影响。

第五章　元王朝制度的确立
与元初政局

一、汉、蒙糅合的封建中央集权政治

阿里不哥与李璮的乱事平定后，忽必烈已基本上排除了蒙古贵族中保守势力的阻力与汉人军阀中割据势力的干扰。接着，他根据李璮乱后的形势，调整了自己的政治路线，有步骤地着手新王朝的建设工作。1264 年，改中统五年为至元元年。到 1269 年（至元五年）时，中央诸政权机构已粲然大备。翌年，始立朝仪。1272 年（至元八年）11 月，正式改大蒙古国国号，取《易经》"乾元"之义，定国号"大元"。

忽必烈所创建的元王朝，是以蒙古贵族为首，汉人地主分子及其他少数民族上层参加的封建地主阶级政权。这个王朝的制度基本上是以中原王朝的传统仪文制度为主干，而又糅杂和保存某些蒙古旧制的成分。

在忽必烈的即位诏书里，第一次提出了"祖述变通"这一建政纲领。《中统建元》诏书里，再次把这一纲领表述为"稽列圣之洪规，讲前代之定制"。这两种表述的前半部分指的要继承成吉思汗以来的祖制，后半部分指的是要改行中原王朝的汉制仪文。如何把这两个方面很好地结合起来，是新王朝能否稳定下来的关键，也是时代为这位新王朝的缔造者与总政治设计师提出来的新课题。

1260年8月，郝经向忽必烈进呈了《立政议》一疏，其中明确提出新王朝的政权建设必须是："以国朝之成法，援唐宋之故典，参辽金之遗制，设官分职，立政安民，成一王法。"① 他进一步说明："元魏始有代地，便参用汉法。至孝文迁都洛阳，一以汉法为政，典章文物，粲然与前代比隆，天下至今称为贤君。"金源起东北，才取黄龙，"便建位号，一用辽宋制度"。这些都是很有教益的历史鉴戒。1265年，许衡在上忽必烈的奏

<hr />

① 郝经：《陵川集》卷32。

章中也明白地指出："考之前代，北方之有中夏者，必行汉法，乃可长久，故后魏辽金历年最多；他不能者，皆乱亡相继。史册具载，昭然可考。使国家而居朔漠，则无事论此也。今日之治，非此奚宜？夫陆行宜车，水行宜舟，反之则不能行；幽燕食寒，蜀汉食热，反之则必有变。以是论之，国家之当行汉法无疑也。"[①] 这些，都是对忽必烈前述建政纲领后半部，即所谓"变通"与"讲前代之定制"的深入一步申述。郝经和许衡等精辟地简述为"改行汉法"。行汉法是忽必烈建政纲领中最关键的核心。所谓"汉法"，当时人的理解是指的中原王朝的汉官仪制。在我们今天看来，它实质上就是与中原发达的封建经济基础相适应的上层建筑。这一套上层建筑是在我国千余年来封建社会的长期发展中形成和完备起来，并为自己的经济基础服务的。成吉思汗的南征与金朝的灭亡，使中原传统的统治机构、政治制度被打破了；同时，又有原始游牧民的落后且与内地农业经济不相适应的东西被引进来，这便加重了对内地社会生产的破坏程度，也将最终动摇蒙古贵族的统治。采行汉法

---

① 《元史》卷 158《许衡传》。

是落后的征服者进化的必然，也是一个历史的进步。从耶律楚材的改制开始，这个改革运动便已经开始，但当时它是由契丹族的政治家来帮助发动的，其实行的地区也仅限于大蒙古国所属的华北这一局部范围内。这与后来由忽必烈直接主持、全面采行汉制的革新活动不可同日而语。忽必烈采行汉法，建立正统的新王朝，表明了经过半个多世纪的学习与进步，一个引弓射猎的原始草原游牧民族，已成长为成熟的、能够有效管理全国的统治民族。正是在这个意义上，我们把元王朝的建成当成蒙古在原始社会崩溃后，从早期奴隶制阶段直接向发达的封建制飞跃的标志。

但是，改行汉法只是忽必烈建政纲领的一个方面。另一方面，他也强调要祖述蒙古的旧章。作为一个入主中原的后进少数民族，无疑只有依靠民族特权，进行民族镇压，才有可能维护其统治地位。这就需要保存民族差异，利用民族隔阂，甚至有必要制造和挑拨民族矛盾。因此，忽必烈改行汉法是有限度的。行"汉法"决不是行"汉化"。全盘汉化就有使自己湮灭在汉人海洋中的危险。这一点，昭鉴不远。早期女真人入据中原，大批猛安、谋克人户迁居到河北、山东，与汉人杂处。

海陵王迁都中都后，内迁者尤众，他们很快开始与汉人融合。这种状况曾引起金世宗的很大警惕。因此，他极力采取措施，恢复和提倡女真的旧风俗文化，重申民族畛域，维护民族特权，以保持女真贵族的统治。忽必烈是把金世宗作为自己的政治楷模的。切身的经验，当然也会使他了解保持民族特权的实际价值。因此，他在建政纲领中，把利用民族矛盾、实行民族压迫、保证民族特权与改行汉法一样，作为加强与稳定蒙古贵族统治的两大杠杆。新王朝的创制立法，都是以此为支点，把蒙古祖制与中原王朝的文法，根据实际需要加以损益、去取，糅合而成的。在总体上，它是中原王朝合乎规律的继承和发展，但又在不同程度上渗入了蒙古游牧社会的因素。

根据这样一个总的设计原则，新王朝的全部职权机构的构成，大体上可分为以下几种情况。

第一种是基本上保存或沿袭蒙古旧有的制度。其中主要有斡耳朵制度、怯薛制度和封王、投下制度等。忽必烈沿袭了成吉思汗设四斡耳朵以处后妃的制度，因而内宫的制度，与前此的中原王朝迥然不同。《元史·后妃表序》说："元初，因其国俗，不娶庶姓，非此族也，不居嫡选。""其居则有四斡耳朵之分；没，复有继承守宫之法。位号之淆，名分之渎，则亦甚矣！"每斡耳朵都有固定的岁赐，并设有专门机构管领分处在各地的打捕（捕猎兽皮的机关）、鹰房（饲养猎鹰的机关）、造作、稻田、纳绵等提举司机关。怯薛的设置基本上也一仍旧制。怯薛丹（怯薛人员）由蒙古贵族和其他民族的高级官僚以及地方官之子弟充质子（蒙语称秃鲁花）者充担。照旧例分成四支，轮番（每三日一番）担任宫廷的警卫以及管理冠服、弓矢、食饮、文书、车马、庐帐、府库、医药、巫祝等事务。因此，元人对"怯薛"一词的理解，已由原来的护卫而转训为"内府执役者之译语"。怯薛由子孙世袭担任其职。他们是宫内的近侍，最接近皇帝，代替了历朝宦官们的大部分职务，而且公开活动在内廷与外朝之间。宰相奏事，必须有云都赤（带刀侍卫者）在场。皇帝行诏旨，即由必阇赤起草。皇帝还往往派他们口传圣旨，出使地方。政府高级官僚许多都是由怯薛兼任。博尔术（阿鲁剌部）、木华黎（扎剌亦儿部）等之子孙，世充四怯薛之长。"凡怯薛长之子孙，或由天子所亲信，或由宰相所荐举，或以其次序所当为，即袭其职，以掌环卫，虽其官卑勿论也。及年劳既久，则遂擢为一品官"①，担任右、左丞相、御史大夫等重要官职。怯薛虽供职外朝，也是"昼出治事，夜入番直"。而在一旦解除官职之后，便又回到内廷，继续担任他们原来所负担的怯薛执事。因此，元朝的怯薛就构成一个包围皇帝，在政治上予皇帝以巨大影响的近侍特权集团。在皇帝死后，他原来的怯薛组织仍然保存，接受丰厚的俸禄与岁赐，成为一大批虚耗国币的大蠹。投下制度在大体上仍是沿行窝阔台时的旧制。但是由耶律楚材所制定的五户丝制始终未能贯彻施行。1260年中书省始立，就着手整顿。考虑到投下五户丝"自来就征于州郡"，"如此，是恩不上出，事又不一，于政体未便。奏准，皆输大（中）都总藏，每岁令各投下差官赴省，验数关支"。改革后的办法是："其法每户科丝二十二两四钱，二户计该丝二斤一十二两八钱。其二斤即系纳官正丝，内正丝、色丝各半。外将每户剩余六两四钱攒至五户，满二斤数目，付本投下支用，谓之二五户丝。以十分论之，纳官者七分，投下得其三焉。"②把五户丝改成为二五户丝，投下所得比原规定高出一

---

① 《元史》卷99《兵志二》。

② 《中堂事记》。

倍，忽必烈这样做，分明是要取好于投下诸王贵族。但同时又一再申令："禁诸王擅遣使招民及征私钱。""诸王、后妃、公主、驸马非奏闻不许擅取官物。""谕诸王、驸马，凡民间词讼，无得私自断决，皆听朝廷处置。"[①]1264年8月，"定立诸王使臣驿传、税赋、差发，不许擅招民户，不得以银与非投下人为斡脱，禁口传敕旨及追呼省臣官属"[②]。1270年正月，"敕诸投下官隶中书省"[③]。这就使诸王投下在获取法定的权益之外的苛取横征、恣为不法的行为在很大程度上有所限制。尔后忽必烈也对自己的儿子与勋旧进行了分封。

上述斡耳朵、怯薛、投下制度都直接关系到蒙古贵族的特权利益，它们被全部或者是在少加限制，使之不违反中央集权统治的基础上承继下来，是符合新王朝的政治需要的。

第二种情况是汉制与蒙古制度并行，因族而分，因俗而治。例如：在礼制上，忽必烈任刘秉忠、许衡、徐世隆等大兴礼乐。1271年，始制朝仪。自是，皇帝即

①《元史》卷4《世祖纪一》。
②《元史》卷5《世祖纪二》。
③《元史》卷7《世祖纪四》。

位，元正、天寿节，及诸王、外国来朝，册立皇后、皇太子，群臣上尊号，进太皇太后、皇太后册宝，及郊庙礼成、群臣朝贺，皆如朝会之仪。所以，《元史》说："元之礼乐，揆之于古，固有可议。然自朝仪既起，规模严广，而人知九重大君之尊；至其乐声雄伟而宏大，又足以见一代兴王之象，其在当时，亦云盛矣！"[①]然在宫廷内部和王室宗族之间，如宗亲宴飨、大臣锡宴、祭祀天神以及生育葬丧和节日宴乐等场合，又都沿行蒙古旧礼。即以皇帝即位大典而论，也是先俟诸王以"国礼"扶皇帝登宝位之后，才再按汉制演礼受朝。凡属"国礼"，汉人是不能参加的。

在蒙、汉民族的统治制度与衣冠服饰方面，元王朝基本上是采取沿行旧俗、各不相妨的政策。由于资料缺乏，我们暂时仍无法对蒙古草地在入元以后的社会状况作较细致的叙述，但大体上其社会性质当仍然是以奴隶制为主导的。在草地与内地两种不同社会性质的地区，忽必烈基本上是奉行一条以蒙古旧制治草地游牧民，和以汉制治内地汉民的政策。在刑法上，凡有罪犯，其

---

① 《元史》卷67《礼乐志序》。

初统由扎鲁忽赤（意为断事官）审处（后此司法机构定名大宗正府）。1272年改为扎鲁忽赤"止理蒙古公事"，则汉人之刑名讼狱，已属刑部处理。其他如畏兀儿人刑名由北庭都护府管理，僧徒属宣政院，道徒属道教所，伊斯兰教徒属回回哈的所，基督教徒属崇福司。掌领的机关不同，执法因之也有差异，因而也便于保护民族特权利益。

第三种是依仿中朝制度所建立起来的一整套统治机构。忽必烈采行汉法，指的就是它们。1260年4月忽必烈即位开平后，始置中书省，作为中央的最高行政机关。1261年春，复置中书左右部①。其职在"承命宣制，奉行文书，铨叙流品，编齐户口，均赋役，平狱讼"②。1263年5月，设枢密院，总领军政。1264年11月，撤消中书左右部，并入中书省。1266年正月，复立制国用使司，主"通漕运，谨出纳，充府库，实仓廪，百姓富饶，国用丰备"③。1268年7月，立御史台以任监察。1270年正月罢制国用使司，改立尚书省，专理财

① 《元史·世祖纪》作中统三年十月，此据《张文谦传》。
② 《元文类》卷14陈祐《三本书》。
③ 《元文类》卷14陈祐《三本书》。

政，并改中书六部为尚书六部，中央政务实际上转操于尚书省。1272年正月，并尚书省入中书省，复尚书六部为中书四部，其后增分为六部。上述情况表明：元之中央，实际上是承袭金朝制度，以行政、军事与监察三大权分立。又曾三度（两次在忽必烈时期，一次在武宗海山时期）把财政权突出，另建尚书省。但它不似北宋时专任财政的三司，而是几乎尽揽中书行政，所以实际权力要比三司大得多。至于其他中朝的传统机构，内而九卿诸院，外而路府州县，都陆续设置，大体上都是仍中朝旧制。此外，根据当时的实际需要，1270年创立了诸站都统领使司，管领驿传（后改名为通政院）。又有总制院（后改名为宣政院），"掌释教僧徒及吐蕃之境而隶治之"①。

在地方，中统初分别在燕京、秦蜀、陕西、中兴府、平阳太原、山东、成都、北京诸处设行中书省。行省本是中书省临时因事而设的派出机构，由宰执大员系相衔代表中书统理，事毕则撤除。金朝早有行尚书省之设。蒙古国初期，地方长官"分任军民之

---

① 《元史》卷87《百官志三》。

事，或称行省。无定制。既立都省，车驾行幸，都省官从；而留都者，亦谓之行省。有征伐之事，则或置行省与行枢密院，迭为废置"。"虽有便宜承制之权，而无职名。"①1265 年，忽必烈从赵璧议②，开始在地方上把行中书省作为常设的最高机构，直属中书，而下领府、州。

在采行汉制，设官分职的同时，忽必烈对于如何从人员上控制和监督这些官府，以保证其民族特权统治，也做了一系列精心的安排。中书省的长官是中书令，1261 年忽必烈封皇子真金为燕王，守中书令。在省中别置幕位，每月再至，判署朝政。但这只不过是一个虚衔。中书的实际长官是右、左丞相。蒙古人尚右，所以右丞相居首。右丞相必以蒙古人担任（中统、至元初史天泽曾充右丞相，这只是制度初创时的例外）。其余平章政事、左丞、参知政事等宰执人员则以汉人、回回人等相参为之。中书工作时，宰执们"列坐一堂，凡政事议行之际，所见异同，互相轩轾，待其国相可否之，然

---

① 《元文类》卷 40《经世大典序录·各行省》。
② 《元朝名臣事略》卷 11《参政商文定公》。

后为定"①。枢密院的名义长官是判枢密院事，也是皇子真金兼领的虚衔，实际的长官是知枢密院事。御史台的长官是御史大夫。知枢密院事与御史大夫都必须由蒙古人担任。有关军机重务，汉人例不许与闻。在地方路府州县，1265年2月正式规定"以蒙古人充各路达鲁花赤（意为监临官），汉人充总管，回回人充同知，永为定制"②。

为了保障与维护诸王投下的特权利益，在上述主要政权机构中，又以不同的形式保留与安插诸王公主驸马以及诸部族显贵首领的代表和私人。中书省中设有中书断事官多名。"正三品，掌刑政之属。国初尝以相臣任之，其名甚重，其员数增损不常，其人则皆御位下及中宫、东宫、诸王各投下怯薛丹等人为之。"③大宗正府的扎鲁忽赤，也是"以诸王为府长，余悉御位下及诸王之有国封者"④充之。钦察、阿速等部得各举监察御史。四怯薛亦可各选一人参决枢密院事。

① 《元朝名臣事略》卷7《丞相史忠武公》。
② 《元史》卷6《世祖纪三》。
③ 《元史》卷85《百官志一》。
④ 《元史》卷86《百官志三》。

综上所述，忽必烈所建立的元王朝，在"祖述变通"，"稽列圣之洪规，讲前代之定制"这一建政纲领指导下，既接受了中原王朝的整套传统规制，又继承和保存了有利于蒙古贵族特权统治的草原陈规。它基本是与中原封建经济基础相适应的，因此，和蒙古国时代比较，它是进步的。但它又在许多方面渗入了落后的蒙古旧制，实行民族压迫，这就构成元朝的特殊矛盾。

二、社会经济的恢复和发展

元朝建立以后，忽必烈采取了一系列措施，以恢复从蒙古侵金以来，在战争破坏与政治混乱双重打击下，濒于中断的北方社会生产。

1261 年 4 月，忽必烈即诏令十路宣抚司劝课农桑。同年 8 月，正式建立劝农司，以陈邃、崔斌、成仲宽、粘合从中为滨棣、平阳、济南、河间劝农使，李士勉、陈天锡、陈膺武、忙古带为邢洺、河南、东平、涿州劝农使，分道督课农桑。并先后十数次申严军队、势家扰民害稼之禁，仅 1262 年之内，朝廷便屡颁诏令：禁诸道戍兵及势家纵畜牧犯桑枣禾稼；谕诸路管民官，毋令军马、使臣入州城、村居、镇市，扰及良民；诏安辑徐、邳百姓，禁征戍军士及势官纵畜牧伤其禾稼桑枣；命行中书省、宣慰司、诸路达鲁花赤、管民官，劝诱百姓，开垦田土，种植桑枣，不得擅兴不急之役，妨夺农时；诏河东两路并平阳、太原路达鲁花赤及兵民官，抚安军民，各安生业，毋失岁计；诏撒吉思安抚益都路百姓，各务农功，并禁蒙古、汉军剽掠；申严军官及兵伍扰民之禁，凡诸王、使臣、师旅敢有恃势扰民者，令所在拘执以闻。1263 年复申禁止蒙古军马扰民；禁野狐岭行营民入南、北口纵畜牧，损践桑稼。为了扩大耕地，忽必烈严禁蒙古军强占农田为牧地①。河南驻军城市，除于近城量存牧地外，余听民耕种②。御苑官南家带请修建上都驻跸凉楼并扩展牧地，忽必烈亲诏："凉楼俟农隙，牧地分给农之无田者。"③1267 年 7 月，忽必烈申严京畿牧地之禁，又广兴屯田，或以驻军就地屯种，或以迁民择地屯种。对于内迁的蒙古军，也拨给他们土地，提倡从事农耕。1265 年正月，以黄河南北

① 《元史》卷 5《世祖纪二》中统四年七月壬寅。
② 《元史》卷 4《世祖纪一》中统二年七月癸亥。
③ 《元史》卷 5《世祖纪二》至元元年四月辛酉。

荒田分给蒙古军耕种。1266 年 5 月，以西夏之良田为僧所据者，听蒙古人分垦。凡蒙古户种田有马牛羊之家，住支口粮；无田者照旧支给①。1264 年 8 月，忽必烈还发布诏书，规定对县官"以五事考较而为升黜：户口增、田野辟、词讼简、盗贼息、赋役平。五事备者为上选；内三事成者为中选；五事俱不举者黜"②。1270 年 2 月，特设司农司，以参知政事张文谦为卿，下设四道巡行劝农司，以劝课农桑，兴举水利，分遣劝农官及知水利人员，巡行劝课，举察勤惰。各处地方州县长官在不妨本职的情况下，兼领劝农事，年终考较其在农业生产方面的成绩，作为日后升黜的标准。司农司颁行了农桑之制十四条。其中规定：每五十家为一社，社长教劝本社之人力农树桑，广修水利，开垦荒田。同年 12 月，改司农司为大司农司，添设巡行劝农使、副各四员，以御史中丞孛罗兼大司农。有人以台臣兼领前无此例，提出意见。忽必烈回答说："司农非细事，朕深谕此，其令孛罗总之。"③ 这件事表明，忽必烈对于发展农业是非

① 《元史》卷 5《世祖纪二》至元元年八月乙巳。
② 《元典章·圣政卷一·饬官吏》。
③ 《元史》卷 7《世祖纪四》。

常重视的。为了发展农业生产，中统、至元初，地方的水利事业也在政府的组织下，或修复，或开发，成效甚巨。如1261年怀、孟广济渠提举王允中、大使杨端仁凿沁河为渠，溉田460余处。1264年，张文谦、郭守敬浚西夏的唐来、汉延二渠，溉田数十万顷。为了改进和提高耕作技术，1269年，忽必烈命中书省"采农桑事列为条目，仍令提刑按察司与州县官相风土之宜，讲究可否，别颁行之"①。这份资料经过补充修订，在1272年以《农桑辑要》为名，刊为一书。书中"遍求古今所有农家之书，披阅参考，删其繁重，撮其切要"②。它在总结历代农学成果，推动当时农业生产发展方面，具有一定的作用。史料记载司农司既设之五六年，也就是到1274至1275年（至元十一至十二年）时，"功效大著，民间垦辟种艺之业，增前数倍"③。"野无旷土，栽植之利遍天下。"④说明经过忽必烈的努力提倡，在十数年之后，中国北方的农业生产确是得到了恢复并有所发展。

---

① 《元史》卷6《世祖纪三》。

② 《农桑辑要》王磐序。

③ 《农桑辑要》王磐序。

④ 《元朝名臣事略》卷7《左丞张忠宣公》。

在赋税差发的征发上，忽必烈也改变了以前那种竭泽而渔式的掠夺，并在不同程度上实行赈济蠲免，以宽民力。元初的税制，大体上只是重申耶律楚材原定的旧制，稍加调整变通。其中丝料一项，改订为每户向政府纳丝一斤，五户向投下纳丝二斤，比起旧制来增重了一倍。但是包银的负担却有所减轻。包银原是窝阔台时期真定地方官为了应付蒙古贵族不时的额外诛求而加征人民的剥削，其他地方随之群起效尤。蒙哥即位后，开始把它列为正税，每户征银六两。1255年以太重减为四两，并听民折输它物[①]。1263年3月，忽必烈申令：诸路包银以钞输纳，凡当差户缴纳包银钞四两。当时，每银一两折中统钞二两。因此，在丝料加倍的同时，包银却减低一半，使老百姓的负担不致太受影响。丝料与包银，总名为科差，按户征收，并把户分成不同等级而通行调剂。

为了保证赋税的征收，就必须整理户籍。1271年，朝廷完成了对北方户口的全面清理与检查。根据政府

[①] 参见《元朝名臣事略》卷4《平章鲁国文贞公》，王恽《秋涧先生大全文集》卷54《大元故真定路兵马都总管史公神道碑铭》；《元史》卷152《张晋亨传》，卷153《王玉汝传》，卷93《食货志·科差》。

所制定的《户口条画》，对各色户计的管理、良驱身份的确定等都做出了详尽的规定。这次新括户计20万5180，使全国总户数达194万6000。经过这次整顿，长期来户籍方面的混乱现象有所改观。不过，人户的科差仍然是名目繁多，负担不一，"户既不等，数亦不同"。大约而言，从赋税的管理不同上，可分为元管户、交参户、漏籍户、协济户等名目。元管户指先时已籍之民户。交参户即"交参散漫户计"，他们流移在外，由本管上司差官管领。① 漏籍户是历次大检时隐漏户口。协济户则是被括来协助编户以供赋役的漏籍老幼等户。正因为管理上不同，地区上各异，再加上投下与中央在赋税分配上情况复杂，所以，就人户对科差的负担而言，又可分为丝银全科户、减半科户、止纳丝户、止纳钞户、摊丝户、储也速得儿所管纳丝户、复业户、渐成丁户等名目。这种科则不一、名目纷繁的现象往往便利官吏的因缘为奸，加重了人民的负担。

为了有利社会经济的发展，忽必烈对钞法也进行了整顿。窝阔台时期，于元奏请仿依金朝的办法，印行交

---

① 《秋涧先生大全文集》卷86《乌台笔补·论交参户土著事状》。

钞，但制度不备，印数甚少。蒙哥时期，令在燕京的行天下诸路也可扎鲁忽赤不只儿印造宝钞。此外，一些地方的诸侯官吏，也多自行钞法，以便商旅。如何实在山东，以丝数印置会子，权行一方，民获贸迁之利。史楫于真定，实行银钞相权法，改变了过去各道自行楮币，互不相通和二三年一换，钞本日耗，商旅不通的局面。忽必烈在潜藩时，也曾令刘肃、杨惟中等分别在邢州、关中印行楮币。李璮在涟海，自行涟州会子。此外，各地方官司又往往自行发给票据，与楮币相杂通行，称之为"白帖子"，这种纷繁混杂的情况显然不利于商业流通。忽必烈即位后，1260 年 7 月，"创造通行交钞，以丝为本，以革诸路行用钞法之弊"[①]。每银五十两，易丝钞一千两，"诸物之直，并从丝例"。10 月，正式发行中统元宝交钞，自十文至两贯文省共十种票面。榜文规定新钞在宣抚司所辖诸路，不限年月，通行流转。所有酒、税、醋、盐、铁等课程，均可以交钞交纳。人们在缴纳工墨费三分之后，便可用交钞向行用库换到同等价值的白银。凡阻坏钞法之人，依条究治。交钞以钱为

---

① 《元文类》卷40《经世大典序录·钞法》。

准，"街下买卖金银、丝绢、段匹、斛斗、一切诸物，每一贯同钞一两，每两贯同白银一两行用"。各路原行旧钞和白帖子，均勒令原发官司库官人等，在限定日期内依数倒收，使不致亏损百姓[①]。同时又考虑增发一种以文绫织成的中统银货，每一两同白银一两，但后来并未发行。当时统一通行的是中统元宝交钞。这种交钞不限年月，可以在全国范围内通行流转，准白银行使。这无论是较之蒙古国时期，甚至对南宋与金朝的交会子而言，都是巨大的进步，在促进社会经济的发展上无疑将带来积极影响。

三、儒学的利用与文字的制作

在改行汉法的同时，忽必烈也把尊孔崇儒作为缘饰文治的重要手段。1261 年政府重申了儒户与免差发的规定。6 月，特诏"宣圣庙及管内书院，有司岁时致祭，月朔释奠；禁诸官员使臣军马，毋得侵扰亵渎，违者加罪"[②]。7 月，诏许衡即其家教育怀孟生徒，便"毋丧斯

---

① 《中堂事记》。
② 《元史》卷 4《世祖纪一》。

文，以弼予治"①。8月，任敬铉为燕京路副提举学校官，"凡诸生进修者，仍选高业儒生教授，严加训诲，务要成材，以备他日选擢之用"②。同时选王万庆等30人为诸路提举学校官。接着修复孔庙，并拨给人户，以任洒扫。在中央成立了翰林国史院，从王鹗的建议，以史天泽监修国史，耶律铸、王文统监修辽、金史，仍采访遗事。对军中所俘儒士，听赎为民。

当时朝廷中的汉人儒士，来历各不相同，操术亦各有异。姚枢、许衡、窦默等崇尚程朱道学，王鹗、徒单公履等仍守金人风气，多奉三苏（苏洵、苏轼和苏辙）之学。刘秉忠（即僧子聪，1264年8月，忽必烈诏复其俗姓刘氏，易名秉忠）儒而近于佛，王文统尚术，杂纵横权变。他们之间也存在矛盾。一开始王文统与张文谦便不和。张文谦素以安国利民自负，故于讲论进奏之间，常与王文统意见相左。王文统生性忌刻，把张文谦视为眼中钉，暗行倾陷。1260年8月，张文谦便受到排斥，以中书左丞去，为行大名等路宣抚使。王文统继又设法排挤姚枢、许衡和窦默。他建议忽必烈授姚枢

① 《元文类》卷11杨果《许衡为怀孟教官制》。
② 《析津志辑佚》，第201页。

为太子太师，窦默为太子太傅，许衡为太子太保，外示尊重，实际上是欲行疏隔，使他们不能朝夕备顾问于忽必烈左右，削弱其影响。三人坚持不就，始改许衡为国子祭酒，姚枢为大司农，窦默仍任翰林侍讲学士。窦默曾在忽必烈之前面诋王文统，说："此人学术不正，必祸天下，不可处以相位。"忽必烈很不以为然，反问他说："果如所言，然则谁可以任相？"窦默指同时在座的许衡以对。忽必烈很不高兴，拂衣而去。① 姚枢、许衡和窦默是道学家，标榜义而鄙薄利。王文统是法家一流的人物，崇权术而讲究事功。他们间的矛盾，集中到一点，就是义与利的矛盾，这本是儒法两家长期争论的焦点。在这方面，儒家的议论固然是高超，但终不免迂阔。因此，对于崇尚实际的政治家忽必烈来说，在理财创制的现实活动中，他更看重王文统之流的任术之士。

李璮之乱平，王文统以与叛被杀，忽必烈对汉人的疑忌警戒心理大大增加。改行汉法的工作，虽然仍在进行，但忽必烈本人，对于汉儒文士便已开始疏远。王恽在《儒用篇》里说："国朝自中统元年以来，鸿儒硕德，

---

① 《元史》卷206《王文统传》。

济之为用者多矣！如张（文谦）、赵（璧）、姚（枢）、商（挺）、杨（果）、许（衡）、□（原稿本印字不清）、王（鹗）之伦，盖尝忝处朝端，谋王体而断国论矣！固虽圣神广运于上，至于弼谐赞翼，畀之休明，贞一诸人不无效焉。今则曰：彼无所用，不足以有为也。是岂智于中统之初，愚于至元之后哉？"① 王恽的这段牢骚，就是针对至元之后，儒士被疏远的情况而发的。

1269 年，忽必烈以"今文治浸兴，而字书有阙，其于一代制度，实为未备"② 为由，特命国师八思巴创制成了蒙古新字（在此之前蒙古通行由塔塔统阿所创行的畏兀儿蒙文）。元朝统治下民族甚多，语言复杂。忽必烈颇希望从统一的角度，沟通文字，因此要求新文字能负担"译写一切文字，期于顺言达事"。这种新制蒙古字是依仿藏文字母变化而成，共有 42 个字母（母音 10 个，子音 32 个），方体，直书。八思巴的助手有畏兀儿人文书奴等。朝廷规定："自今已往，凡有玺书颁降，并用蒙古新字，仍以其国字副之。"③ 新字颁行

———————————

① 《秋涧先生大全文集》卷 46。

② 《元史》卷 202《八思巴传》。

③ 《元史》卷 202《八思巴传》。

后，其年 7 月，先后立诸路蒙古字学和国子学；1271 年正月，京师也设立了蒙古国子学。国子学以许衡、王恂为教授，选侍臣子弟 11 人入学。蒙古国子学选在朝的蒙古、汉人百官及怯薛歹官员子弟入学，教本采蒙译的《通鉴节要》一书。学有成效者，经过考试，量授官职。

四、至元前期的政局

王文统因涉李璮之叛被诛后，"西域之人为所压抑者，伏阙群言：回回虽时盗国钱物，未若秀才敢为反逆"[①]。所谓"回回"，是当时对中亚以远诸民族的泛称，也称曰"色目"，意即各种各类的人。蒙古国时期，对于军士、官员都采取易地而用。窝阔台晚期，燕京地区的断事官牙剌瓦赤就是色目人。色目人在各级官府中为数不少。中统初忽必烈的新政府里也有一些是色目人，但比重相对来说并不大。色目人远自中亚迁来中土，族类各异。他们有很高的文化水平，长于经商

① 《元文类》卷 60 姚燧《中书左丞姚文献公神道碑》。

理财并擅长某些特别的工艺，因而受到蒙古统治者的倚重。汉人儒士对他们则颇存歧视，两者之间早有矛盾。李璮之乱后，色目人乘机进谗，正中忽必烈的隐忧。从此，忽必烈在疏远汉人儒士的同时，转而重用色目人。1264年中书宰执中，除原任的平章赛典赤是色目人外，又增任了平章阿合马、右丞阿里别。1265年的中书四部中，吏礼部尚书麦术丁、工部尚书别鲁丁都是色目人。对于各级地方长官的配置，忽必烈也规定了以蒙古人充达鲁花赤、汉人任总管、色目人任同知的"永为定制"的格局。这种格局的基本设想是在不能不使用汉人的情况下，另任色目人分任其权，使进行牵制；并由蒙古人居高监视。这种做法不仅有效地抑制和防范了汉人官员的作用和离异行为，同时，又在权位斗争中把色目人推在直接与汉人角逐的第一线，成功地暂时转移，而且缓和了汉人与最高统治者蒙古人的矛盾。

当时，色目人中受到忽必烈特别信任，一再超迁，崭露头角的是费纳干（锡尔河右岸近阿杭格兰河口）人阿合马。《史集》记载："缘察必可敦未出阁时，异密阿合马与彼等交往亲密。当察必入宫后，彼侍从于可敦之斡耳朵，遂得势，成为大异密，把持朝政。"① 可知阿合马原系弘吉剌部按陈那颜的家人。当察必出嫁时，阿合马作为陪嫁的媵人（蒙语称引者思）而入侍忽必烈。后来忽必烈在一次谈话中提到阿合马的儿子忽辛时，说："彼贾胡，事犹不知，况可责以机务乎？"② 从这些材料推测，阿合马很可能原是费纳干地方的商胡，在蒙古西征时为按陈所部俘虏而成为这个弘吉剌贵族的属民。

中统初元，阿合马任上都同知兼太仓使。1261 年 5 月 10 日，忽必烈派遣他清点燕京万亿库诸色物货。12 日，他提议请立和籴所，以增益廪庾。中书省根据这一建议，以曹州人李亨领导和籴事，改和籴为规措所。"亨修人事（和辑人事），极经画（优加规划），已而粒米狼戾。"③ 可知阿合马一开始便是忽必烈的财政管家，理财积谷，颇具成绩。1262 年 10 月，朝廷始置中书左右部，以阿合马掌领，并兼诸路都转运使。1264 年 11 月，罢领中书左右部，并入中书省，阿合马改任平章政事。从此，阿合马入掌相权，成为朝中炙手可热的人物。

---

① 《成吉思汗的继承者》，第 288 页。
② 《元史》卷 205《阿合马传》。
③ 《中堂事记》。

1265 年 8 月，忽必烈彻底改组中书省，原任诸宰执皆罢去，由木华黎曾孙安童任中书右丞相，来自伊利汗国的使者伯颜为左丞相。木华黎家族成员中，对采行汉法大多持积极态度。安童与许衡、姚枢诸儒臣关系也很密切。安童任相后，上书建言十事，"言忤天听"①。十事的内容是什么？现在已无可稽考。当时安童还只是一个 18 岁的青年，忽必烈于是把谢病归家的许衡召来，命议事中书省，以为安童的辅佐。许衡上疏着重从历史的经验、物理的常识，反复论"国家当行汉法无疑"。同时，许衡又着重指明，改革必需长期坚持，才有可能奏效。只有"能渐之摩之，待以岁月，心坚而确，事易而常，未有不可变者。此在陛下尊信而坚守之，不杂小人，不责近效，不恤流言，则致治之功庶几可成矣"②。许衡的议论是否与安童见忤一事有关，难以肯定。但它明显地是在鼓励忽必烈继续采行汉法，进行改革。这就从反面说明这个时期忽必烈对此是心怀动摇的。1267 年，又发生"或言中书政事大坏，帝怒天降，大臣罪有入不

---

① 《元文类》卷 61 姚燧《金书枢密院事董公神道碑》。
② 《元史》卷 158《许衡传》。

测者"①。姚枢上章论救。姚枢向忽必烈肯定：从他即位起，"天开圣人，缵承大统，即用历代遗制，内立省部，外设监司，自中统至今五六年间，外侮内叛继继不绝，然能使官离债负，民安赋役，府库粗实，仓廪粗完，钞法粗行，国用粗足，官吏迁转，政事更新，皆陛下克保祖宗之基，信用先王之法所致"。在行汉法已取得重大成就的基础上，正应该继续前进，以"上答天心，下结民心，睦亲族以固本，建储副以重祚，定大臣以当国，开经筵以格心，修边备以防虞，蓄粮饷以待歉，立学校以育才，劝农桑以厚生"。这样定可以比美先王，臻于至治。姚枢接着忧心忡忡地指出："以陛下才略，行此有余。迩者伏闻圣听日烦，朝廷政令，日改月异，如始栽之木，生而复移，既架之屋，起而复毁。远近民臣，不胜战惧，惟恐大本一废，远业难成，为陛下之后忧，国家之重害。"②这些材料都清楚地说明，从至元三四年开始，忽必烈在改革方面是犹豫、动摇的。元人虞集所说"中统建元以来，政术与时高下"③，指的就是这种状况。

① 《元文类》卷60姚燧《中书左丞姚文献公神道碑》。
② 《元文类》卷60姚燧《中书左丞姚文献公神道碑》。
③ 《元朝名臣事略》卷7《左丞张忠宣公》引虞集撰《张氏新茔记》。

改革与反改革的斗争集中地表现在反阿合马上。阿合马得到忽必烈的有力支持，以肆行征敛为能事。他把这批汉人儒臣当成妨碍他放手擅权征利的对手，极力排斥；以姚枢、许衡为代表的汉人儒臣们也猛烈地对阿合马进行弹劾。1270年，朝廷分立尚书省，阿合马改任平章尚书省事，成为尚书省的最高长官，几乎尽揽朝政。阿合马又图以其子忽辛主掌兵权，不久，果然任命他为金书枢密院之职。许衡激烈反对，说："国家事权，兵、民、财三者而已。今其父典民与财，子又典兵，不可。"忽必烈大不满意地反问道："卿虑其反邪？"许衡尖锐指出："彼虽不反，此反道也。古时奸邪未有不如此者。"阿合马因此而火冒三丈，当面诘问许衡为什么要说他谋反，并且反诬说许衡不嗜利禄，是"欲得人心，非反而何"？[①] 为了进行报复，阿合马采取先予后取的策略，极力推荐许衡出任中书左丞，以便能有机会借故中害。许衡力辞不就。这年许衡从幸上都，又上书极论阿合马专权罔上，蠹政害民等事，且极言阿合马所用部官，多非其人。双方的对立如此尖锐，以至许衡的

---

① 《元朝名臣事略》卷8《左丞许文正公》。

朋友都为他的人身安全担心，说："先生夜寝疏阔，无它防备，卒有横逆，奈何?"在许衡的力辞下，忽必烈批准了他的请求。1271 年，改任许衡为集贤大学士，兼国子祭酒，教育蒙古生徒 11 人。许衡于是选取耶律有尚等 12 人为伴读，专事教育。

阿合马的擅权专恣，甚至连中书右丞相安童也无法与之抗衡。尚书省初建时，忽必烈有旨："凡铨选各官，吏部拟定资品呈尚书省，由尚书咨中书闻奏。"但是阿合马擢用私人，不由部拟，也不咨会中书。安童以此告于忽必烈。忽必烈令问阿合马。阿合马回答说："事无大小，皆委之臣，所用之人，臣宜自择。"忽必烈竟听之任之。安童只好请求："自今唯重刑及迁上路总管二事，始属之臣；余事并付阿合马，庶事体明白。"[①] 可见阿合马的恃宠骄纵达到了何等程度。

1272 年，忽必烈认为中书省与尚书省并置的局面颇为繁冗，想合之为一。阿合马于是举安童为太师，企图以此撤消中书省，而达到尽揽政权的目的[②]。群臣尽起反对，忽必烈于是将尚书省撤罢，并入中书。阿合马

---

① 《元史》卷 205《阿合马传》。
② 《元史》卷 168《陈祐传》；卷 160《商挺传》。

仍任中书平章政事，专恣如故。安童带头向忽必烈控告："阿合马、张惠挟宰相权，为商贾，以网罗天下大利，厚毒黎民，困无所诉。"[①] 阿合马一度受到打击。但这时进攻南宋的准备正在紧张进行，军需费用极巨，忽必烈对阿合马的搜括聚敛，正是倚重方殷。因此，他的权势，实际上仍在不断扩张。为了能让自己的行动不受牵制，阿合马"屡毁汉法"，以排斥政敌。1273 年，国子学因经费被克扣，"诸生廪饩（膳食）不继，稍稍引去"。祭酒许衡也因此萧然引退。

五、诸汗国的分立

在蒙哥南征的同时，皇弟旭烈兀也正在西亚远征。1258 年，旭烈兀攻破巴格达，灭哈里发。1259 年分三路大举入侵叙利亚。翌年春，蒙哥的死讯传来，旭烈兀留大将怯的不花继续征进，自己则退返波斯。9 月，怯的不花军在阿音扎鲁特遭到埃及苏丹忽秃思的抗击，大败，尽失所占叙利亚诸城市。从这以后，由成吉思汗肇

---

① 《元史》卷 205《阿合马传》。

端、迁延40年的蒙古向西方侵拓的汹涌浪潮遂告停息。

旭烈兀回到波斯后，得知忽必烈与阿里不哥正争夺汗位，便决定不再东还蒙古本土。在这场汗位争夺战中，旭烈兀是忽必烈的支持者，他屡次遣使对阿里不哥进行指责，并几度遣军进逼支持阿里不哥的窝阔台后王海都，以为声援。忽必烈曾遣使于旭烈兀，命令"自阿母河岸至埃及之门、大食之地，尔旭烈兀善自管理和守卫之"。根据这一诏令，旭烈兀在波斯建成了伊利汗国。"伊利"一词，意即大汗的属民。在同一诏令里，忽必烈把从阿尔泰山之西侧至阿母河之地，委任投附于他的察合台后王阿鲁忽。阿鲁忽于是收取合剌旭烈兀的寡妻兀鲁忽乃为妻，成了察合台汗国的统治者。至若窝阔台的后王海都、火忽等，与阿里不哥联结，而与忽必烈为敌；钦察汗国的术赤后王别儿哥，则周旋于忽必烈与阿里不哥之间，进行调和。

阿里不哥归降之后，忽必烈分遣使者通知别儿哥、旭烈兀和阿鲁忽，以及其他宗亲等关于处置阿里不哥及其党附者们的情况。并约会他们前来，举行传统的忽里台，以正式选举大汗。他们一致同意，拟定在1265年各自首途东来，在第二年齐集鄂嫩–克鲁伦地区，参加大会。但是，这时期诸汗国的情况已发生了变化。钦察汗国的统治者别儿哥成为成吉思汗黄金氏族中第一个改奉伊斯兰教的君主。他对旭烈兀在征服西亚中残破伊斯兰城市，虐杀穆斯林，灭亡巴格达哈里发的行为十分不满。他还怀疑旭烈兀毒害了率军从征西亚的术赤后王。特别是在对待阿兰与阿塞拜疆两地区上，别儿哥与旭烈兀各怀野心，相争不下，以致从1262年开始，双方兵戎相见，连年不解。别儿哥且引埃及的马木鲁克为助，图进行南北夹击。彼此已再无意于东来参加大会。1265年，旭烈兀病死，子阿八哈嗣位为伊利汗。接着，别儿哥也死去，其弟忙哥帖木儿嗣位为钦察汗。双方仇怨已深，形同敌国。

与此同时，主持察合台汗国的阿鲁忽也在1264年死去。兀鲁忽乃妃子以己子木八剌沙嗣位为察合台汗。其时，留侍在忽必烈处的察合台曾孙（木额秃干孙、也孙脱子）八剌向忽必烈提出，愿意返还本兀鲁思。忽必烈便派他返还协助木八剌沙主持兀鲁思事。八剌既返之后，以权术笼络部众，废木八剌沙而代之（1266年）。在这样的情况下，原定在1267年举行的忽里台当然无法实现。

从这以后，各汗国都在独立化的道路上分向发展。

钦察、察合台与伊利汗国各自形成。另一部分窝阔台后王如海都等则始终与忽必烈为敌，拒不入朝，但他们暂时还势小力单。作为元王朝统治者的忽必烈，实际所控制的地区只是中原、华北、东北、蒙古草原及包括今新疆的广大地区。但是，从名义上讲，忽必烈所承继的是成吉思汗大蒙古国的大汗正统，因之，他是"一切蒙古君主之主君"。诸汗国"君主中，如一人国有大事，若攻讨敌人或断处一大臣死罪之类，虽无须请命于大汗，然必以其事入告"。"大汗不断以诏令谕其他三蒙古君主保守和平。诏令之式，大汗之名列前。至诸王上书，则以己名列于大汗名后。此三君主皆服从大汗而奉之为主。"① 阿八哈继旭烈兀为伊利汗，在没有得到忽必烈的正式册命书前，始终不敢居正位。在伊利汗国所铸造的钱币上，伊利汗自称自己是大汗的达鲁花赤。忽必烈对诸汗国原在汉地的采邑仍予保留，采地的二五户丝等收益由专设的总管府收贮，作为大汗的岁赐而分发给他们。伊利汗国的大臣以取得元廷的封赠为特殊的荣誉，那里的蒙古贵族子弟接受大汗的征召，来大都充任宿卫。大汗与诸汗国之间，颁赐与朝贡的使者络绎不绝。

---

① 《马可波罗行纪》中册（冯承钧译本），第288页。

第六章　大都——大汗之城

一、大都的兴建

中统初元，忽必烈虽然仍以藩府旧址开平城为驻跸之所，但是，新王朝的重心，已开始向燕京转移。早在忽必烈居潜藩时，霸突鲁便向他提出过建议："幽燕之地，龙蟠虎踞，形势雄伟，南控江淮，北连朔漠。且天子必居中以受四方朝觐，大王果欲经营天下，驻跸之所，非燕不可。"①忽必烈对此深为赞许。所以当他即位开平时，首先便以祃祃、赵璧、董文柄为燕京路宣慰使，然后才有中书省之立；随即又设燕京行中书省。1261年春将中书省与燕京行中书省合并后，又特令王

---

① 《元史》卷119《霸突鲁传》。

文统、耶律铸和张易分省于燕。"虽分两省，其实一也。"[1]忽必烈就是利用燕京作为依托，凭借中原、华北丰厚的人力、财力，击败了汗位竞争者阿里不哥。1263年5月，升开平府为上都，并随之在1264年8月颁布了《建国都诏》，在以上都为都城的同时，因"燕京修营宫室，分立省部，四方会同"，故改名为中都路，府号大兴[2]。

中都左拥太行，右濒渤海，挟五关之险而凭临中夏，自古以来是华北通往辽东和漠北的枢纽，也是中原王朝防拒北方游牧民族南牧的重镇。辽在既得幽燕之后，就把这里定为五京之一的南京，与北宋争衡于华北平原之上。金初仍辽之旧。1153年海陵王把皇都从上京会宁府南迁到这里，对城市与宫阙进行了扩建，改名为中都。从此，这里始成为一代王朝的京都。

金元之际，燕京受到了严重的破坏，城池宫殿，已完全无复旧观。在诗人们的笔下，只见"野花迷辇路，落叶满宫沟"[3]，"可怜一片繁华地，空见春风长

---

[1] 《中堂事记》。

[2] 《元典章·诏令·卷之一》。

[3] 乃贤：《金台集》卷2《南城咏古十六首》。

绿蒿"①。

1261 年 10 月，忽必烈始修燕京旧城，但这只是为防御阿里不哥南扰的临时措施。中统年间，忽必烈的驻地主要是在开平和隆兴的行宫等处。随着阿里不哥之乱的平定，采行汉法，建设新王朝工作积极开展，开平在地理上偏远，不适应新的政治需要的情况就显露出来；中都的地位日见重要。1264 年 2 月，忽必烈开始修复琼华岛（今北海）。琼华岛山顶原有广寒殿，金元之际，为全真道徒所毁，忽必烈予以重建。1265 年 12 月，渎山大玉海造成，敕置于广寒殿。1266 年 4 月，五山珍御榻造成，也被安置在这里。当时忽必烈来中都度冬时，便是把琼华岛的广寒殿作为行宫的②。同年 12 月，忽必烈决定开始大规模的两都修筑工程，而重点则是中都的重筑。他任命张柔、段天祐等行工部事，领导宫城的修建工作。为了便于运集材料，又"凿金口，导卢沟水以漕西山木石"③。

---

① 《元文类》卷 6 魏璠《燕城书事》。

② 赵孟頫：《松雪斋文集》卷 8《蔚州杨氏先茔碑铭》：至元四年"见世祖皇帝于广寒殿"；又同书《姜彧墓志铭》：至元五年引见广寒殿。可为参证。

③ 《元史》卷 6《世祖纪三》。

111

新城城址的选定，与城池、宫阙的规划，包括"祖社朝市之位，经营制作之方"，是由刘秉忠总其成，并有赵秉温、赵铉等助成其事①。金朝的中都城是在辽南京（原是幽州藩镇城）的基础上扩建而成的，城址在今北京市区的西南。刘秉忠完全撤弃金中都旧址，而另选其东北以琼华岛为中心的湖区及其四周的旷地作为新址。这样做的理由，可能是由于从工程本身来说，金中都城阙民居破坏严重，已不值得加以利用。如果在它的基础上进行重修，必多民居废址之累，反不如在东北面的旷土上新建，所徙民户总共才382户②，便利于工程的进展。从地理条件来说，金中都供水主要仰给于莲花池水系，流量有限，不足以满足扩大后的宫苑用水要求；琼华岛所在的海子受玉泉诸水灌注，水源比较充足，且富有湖光水色之胜。从政治的角度考虑，成吉思汗以来的大蒙古国，横跨欧亚，迈绝前古。忽必烈被认为是所有蒙古汗国的大汗。因此，尽管时方用兵江南，金甲未息，土木嗣兴，然"属以大业甫定，国势方

---

① 《滋溪文稿》卷2《赵文昭公行状》；《秋涧先生大全文集》卷48《卢龙赵氏家传》。
② 《元史》卷7《世祖纪四》至元八年正月己卯。

张，宫室城邑，非巨丽宏深，无以雄视八表"①。著名的波斯史家剌失德丁也曾指出，忽必烈大建新都，为的是要张大声名②。最后一点，也可能是蒙古风俗的原因。蒙古旧俗，"当一个斡耳朵曾在一个地方安置时，在它搬走以后，只要那里有任何曾经烧过火的痕迹，就没有一个人敢经过它曾经安置过的地点，不管是骑马还是步行"③。蒙古人把废弃的古城遗址称为马兀八里，"马兀"，蒙古语意为坏或恶；"八里"，突厥语意为城。在亡金宫阙的废墟上来建新城，正是犯着蒙古人的禁忌。在这些原因下，刘秉忠在金中都旧址之外另觅新址，是不奇怪的。

筑城工程于1265年正月正式开始。工程的指挥与组织者除张柔（1266年死，由其子弘略代）、段天祐、王庆端、刘思敬、谢仲温、高觿外，还有两个色目人野速不花和也黑迭儿。史载也黑迭儿"受任劳勚，夙夜不遑，心讲目算，指授肱麾，咸有成画。太史练日，圭臬斯陈；少府命匠，冬卿抡材；取赀地官，赋力车骑，教

---

① 欧阳玄：《圭斋文集》卷9《马合马沙神道碑》。
② 《成吉思汗的继承者》，第274页。
③ 《出使蒙古记》，第205～206页。

护属功，其丽不亿。魏阙端门，正朝路寝，便殿掖廷，承明之署，受厘之祠，宿卫之舍，衣食器御，百执事臣之居，以及池塘苑囿、游观之所，崇楼阿阁，缦庑飞檐，具以法。故役不厉民，财不靡国，慈足使众，惠足劳人，功成落之，赆赏称首"①。可知在新城的兴建上，回族人民的先人也是做出了卓越贡献的。

工程的进展十分迅速。1267年4月，新筑宫城。1272年2月明令改中都为大都。3月15日宫城竣工。5月，初建东、西华门与左右掖门。1273年9月，初建正殿、寝殿、香殿之周庑翼室。1274年正月，宫阙告成，忽必烈御正殿接受朝贺。其年4月初建东宫，11月起造接延春阁南之大殿及东西殿。1281年开掘城壕。1285年2月，"诏旧城居民之迁京城者，以赀高及居职者为先，仍定制以地八亩为一分；其或地过八亩及力不能作室者，皆不得冒据，听民作室"②。1287年全部工程告竣。这一浩大的工役是由社会经济经历了半个多世纪的严重破坏而初见恢复下的北方军民共同负担的。

---

① 《圭斋文集》卷9《马合马沙神道碑》。
② 《元史》卷13《世祖纪十》。

二、宫阙和城市

大都城坐北朝南，呈一个方整的矩形，南北较长。全城的中心点在积水潭（今什刹海）东岸的中心阁，南濒旧金口河废道（今东西长安街）。以中心阁为基准，向南至旧金口河，向西尽积水潭为距离，向东与北两侧对称展开，以确定全城的四至。周围总计 28 600 米，分设城门 11 座。正南居中为丽正门，左为文明门，右为顺承门。东面居中为崇仁门，南为齐化门，北为光熙门。西面居中为和义门，南为平则门，北为肃清门。正北之东为安贞门，之西为健德门。城墙夯土筑成，外傅苇帘，以防雨水侵蚀。城内区划方整有序，"街道甚直，此端可见彼端"[①]。"自南以至于北，谓之经；自东至西，谓之纬。大街二十四步阔，小街十二步阔，三百八十四火巷，二十九衖通。"[②] 全城区分为五十坊。商业区主要集中在城中心区的钟、鼓楼和城西的羊角市一带。有米市、面市、羊市、马市、牛市、骆驼市、驴骡市、段子

---

① 《马可波罗行纪》中册，第 335 页。
② 《析津志辑佚》，第 4 页。"衖通"即"胡同"，系蒙古语忽同（意为井）之音译。

市、皮帽市、帽子市、鹅鸭市、珠子市、沙剌（意为珊瑚）市、铁器市、柴炭市等。又有所谓"穷汉市"，羊角市附近还有人市。1281 年 5 月，忽必烈曾下令"严鬻人之禁"。在人市上公开贩卖人口可能就是从这以后废绝，但人市的坊楼则一直保存。

皇城居全城的正南而稍偏西。环绕皇城的城墙称作萧墙或阑马墙，周围约二十里。宫殿主体分布在从城南墙的正门丽正门直通钟鼓楼、中心阁的正南北中轴线上。皇城南向的正门为灵星门。灵星门外至丽正门之间是广阔的宫廷广场，左右两侧为千步廊。入自灵星门，前面横着三道白玉石桥，河水从西面太液池东流过来，桥北便是宫城。宫城周围九里三十步，南向三门，居中的正门为崇天门，左为星拱门，右为云从门；宫墙东西两向分别有东华门和西华门，北面是厚载门。宫城大体可划分为前后两大组建筑群。前部为大明殿，其正门为大明门，南与崇天门相值。大明殿是皇帝登极、正旦、寿节与朝会的正衙。"青石花础，白玉石圆碣，文石甃地。上籍重裀。丹楹金饰，龙绕其上。四面朱琐窗，藻井间金绘，饰燕石。重陛朱阑，涂金铜飞雕冒。中设七宝云龙御榻，白盖金缕褥。并设后位。诸王、百寮、怯

116

薛官侍宴坐床，重列左右。前置灯漏，贮水运机，小偶人当时刻捧牌而出。木质银裹漆瓮一，金云龙蜿绕之，高一丈七尺，贮酒可五十余石。雕象酒卓一，长八尺，阔七尺二寸；玉瓮一，玉编磬一，巨笙一。玉笙、玉箜篌咸备于前。前悬绣缘朱帘。至冬月，大殿则黄独皮壁障，黑貂褥。"①这种在正殿上帝、后并设座位，左右重列诸王、贵族及怯薛官坐床，前方备有巨大的酒容器，桌上摆放各种乐器的陈设制度，完全是沿用蒙古斡耳朵的设置。1252 年到过蒙古的西欧基督教士鲁布鲁乞对于这一方面有过详细的描述②。这和历代中原王朝的殿廷设置大不相同。上面所说的巨笙，便是所谓"兴隆笙"，"其制为管九十，列为十五行，每行纵列六管。其管下植于匮中，而匮后鼓之以韝。自匮足至管端，约高五尺，仍镂版凤形，绘以金采，以围管之三面，约广三尺，加文饰焉。凡大朝会，则列诸轩陛之间，与众乐并奏。每用乐工二人，一以按管，一以鼓韝，以达气出声，以叶众音，而乐之奏成矣"。它相传是忽必烈所自作；又说是西域乐工所献，而由忽必烈加以

---

① 《辍耕录》卷21《宫阙制度》。
② 《出使蒙古记》，第194～195 页。

损益①。这段记载也很容易使我们联想起鲁布鲁乞所记巴黎工匠威廉为蒙哥所制的银树。兴隆笙之制，无疑也是从银树演变而来。丹墀之前，忽必烈还特别从漠北旧居之地引种来一种莎草，名之曰"誓（或作思）俭草"，用心是要"示子孙无忘草地"②。

宫城的后部是以延春阁为主体的另一组建筑。南面正门为延春门，内为延春堂，其门庑殿制，大略与大明殿相同，"甃地皆用濬州花版石甃之，磨以核桃，光彩若镜。中置玉台床，前设金酒海四，列金红小连"。堂之上一阁高耸，即延春阁。自东隅循级而上，"虽至幽暗，阑楯皆涂黄金龙云，冒以丹青绢素。上仰亦皆拱为攒顶，中盘金龙。四周皆绕金珠琐窗。窗外绕护金红阑干，凭望至为雄杰"③。延春阁之北即宫城的北门厚载门，辟有御花园，栽植花木。

延春阁之西，通过园坻（今北海团城）而与太液池西岸的太子东宫有舟桥相连④。太液池北即金之琼华岛，

① 《钦定日下旧闻考》卷30《宫室》引王祎《兴隆笙颂并序》。
② 《钦定日下旧闻考》卷30引《玉山雅集》；叶子奇《草木子·谈薮篇》。
③ 萧洵：《元故宫遗录》。
④ 后改名隆福宫，为皇太后之所居，而于其北另建兴圣宫以为皇太子东宫。

1271年改赐名万岁山。"其山皆垒玲珑石为之，峰峦隐映，松桧隆郁，秀若天成"①。山顶即广寒殿。太液池两岸垂杨，碧波数顷，锦鳞游泳，芙蓉盛开，金水河自和义门附近引玉泉水灌注，是皇帝和后宫放舟游弋的好地方。

宫殿之外，又在齐化门里修建了太庙，平则门里修建了社稷坛。整个城池、宫殿、社庙的布置，都一准《周礼·冬官·考工记下》所记"匠人营国，方九里，旁三门。国中九经九纬，经涂九轨，左祖右社，面朝后市"的原则。宫阙的风格、形制以及它们的命名，都本于汉制。城门、坊名都从《易经》命名。但殿内的陈设又多保存蒙古旧制；宫廷内的仪式典礼，也是蒙汉并存。这都表明，在改行汉制与沿行祖制上，忽必烈是经过悉心安排，以求各得所当的。

大都人口号称十万户，在当时世界上，它的巨大规模与富赡壮丽，是很少有城市能与之相比的。黄仲文写过一篇《大都赋》，其中说："华区锦市，聚万国之珍异；歌棚舞榭，选九州之秾芬。招提（庙宇）拟乎宸

---

① 《辍耕录》卷21《宫阙制度》。

居，廛肆主于宦门。酤户何泰哉，扁斗大之金字；富民何奢哉，服龙盘之绣纹。奴隶杂处而无辨，王侯并驱而不分。庖千首以终朝，酿万石而一旬。复有降蛇搏虎之技，扰象藏马之戏，驱鬼役神之术，谈天论地之艺，皆能以蛊人之心而荡人之魄。是故猛虎烈山，车之轰也；怒风搏潮，市之声也；长云偃道，马之尘也；殷雷动地，鼓之鸣也。繁庶之极，莫得而名也。若乃城闉之外，则文明为舳舻之津，丽正为衣冠之海，顺则为南商之薮，平则为西贾之派。天生地产，鬼宝神爱，人造物化，山奇海怪，不求而自至，不集而自萃。"① 今天我们读起来，当时的繁华景象，仿佛仍在眼前。大都也是当时国际经济、政治和文化的中心，和欧、亚、非各国都保持着密切的联系。"九服修职，五等协虑。陛陬璧马，庭列圭币。或以象寄通诚，或以鞮译达志。东隅浮巨海而贡筐，西旅越葱岭而献赘，南陬逾炎荒而奉珍，朔部历沙漠而勤事。孝武（汉武帝）不能致之名琛大贝，登于内府；伯益（传为《山海经》一书的作者）不能纪之奇禽异兽，食于外御。"② 西方人把大都称作汗八里，意

①　《宛署杂记》上《民风一》。
②　《钦定日下旧闻考》卷6《形胜》李洧孙《大都赋并序》。

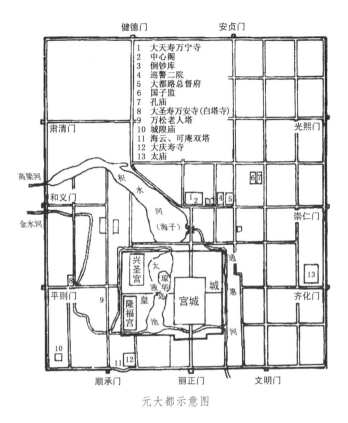

元大都示意图

即大汗之城①。意大利旅行家马可·波罗旅居在中国达
17年，大多数时间是在大都度过的。他在口述的回忆

① 据伯希和考证，汗八里之名，已见于金末（《马可波罗注》第1卷，第
141页）。

录里，对大都的城池宫阙作了动人的描绘。他说：大都的皇宫诚"向所未见"；宫中大殿之广，"可谓奇观"，其"壮丽富赡，世人布置之良，诚无逾于此者"。"大汗所藏杓盏（酒器）及其他金银器皿数量之多，非亲者不能信也。""汗八里城内外人户繁多"，"外国巨价异物及百物之输入此城者，世界诸城无能与比"①。稍后的西方旅行家鄂多立克、阿拉伯旅行家伊本拔都他等也都为大都的富庶繁华惊叹不已。

三、两都制度与上都概况

在着手兴筑大都城的同时，忽必烈又对上都城宫阙进行了增修。上都城北枕龙岗，南濒滦水，"四山拱卫，佳气葱郁"。皇城呈正方形，边长 1 400 米。在它的西面和北面又各附有外城，外延 800 米，因而全城呈一个东南包括皇城在内，四边各为 2 200 米的正方形。皇城南北各一门，东西各二门，外城之南、西各一门，北二门。宫城在皇城的正中而稍偏北，东西宽 570 米，南北

① 《马可波罗行记》中册，第 83～94 页。

长 620 米。南及东、西各一门。史载门有明德门、御天门、复仁门、东华门、西华门之名。殿有鸿禧、睿思、鹿顶、楠木诸名。宫城内最主要的建筑要数大安阁。大安阁是移取汴梁的金南京熙春阁的材料所筑成。熙春阁高二百二十二尺，方四十六步有奇，建筑极为工巧，素以"瑰伟特绝"著称[①]。金亡后，南京的宫殿摧毁殆尽，独熙春阁存。忽必烈把它不远数千里移迁至上都重建，改名大安阁。因为上都宫城之内，不作正衙，故即以大安阁为前殿[②]，重大的典礼都在这里进行。

由于全城的东南部地势低平，水沼错落，许多重要的建筑都是就水或填水建成。据剌失德丁记载：在上都的兴建中，就低洼水泉之处，"彼等决定涸之使干。其地产石一种，可以代替木炭。彼等聚集大量此种石与木炭，以小石、破砖及大量之熔锡与铅置其上，填湖塞泉，直至坚固。彼等填筑至高与人等，筑台其上。因水既封压于地下，故由草地不远之它处喷出，而成许多泉水。彼等于台上依契丹式样（汉制）建成宫殿"[③]。袁桷

① 《秋涧先生大全文集》卷 38《熙春阁遗制记》。
② 《道园学古录》卷 10《跋大安阁图》。
③ 《成吉思汗的继承者》，第 277 页。

也记：上都“殿基水泉涌沸，以木钉万枚筑之，其费巨万”①。这些木桩，有的至今仍历历可数。

为了促进上都的繁荣，1265 年 5 月，忽必烈诏令：诸人自愿徙居上都永业者，复其家，免征商税、酒醋诸课，惟盐课仍旧。1270 年 5 月，又从尚书省建议：“上都地里遥远，商旅往来不易，特免收税以优之，惟市易庄宅、奴婢、孳畜，例收契本工墨之费。”②1283 年 7 月，敕上都商税六十分取一。这些规定对上都商业的发展带来了积极影响。“自谷粟布帛以至纤靡奇异之物，皆自远至。官府需用万端，而吏得以取具无阙者，则商贾之资也。”③可知当地的商业已相当发达。手工业也是匠局林立，1293 年中书省的一份报告说，上都工匠达2 999户。他们都是为宫廷和官府的需要服务的。

在上都附近还有东、西凉亭和失剌斡耳朵等建筑。凉亭也称凉楼，突厥语作秃思忽，意为供行者食饮之所④。失剌，蒙古语意为黄。这个帐殿当因装饰色黄，

---

① 袁桷：《清容居士集》卷16《华严寺》诗注。
② 《元史》卷7《世祖纪四》。
③ 《道园学古录》卷18《贺丞相墓志铭》。
④ 《成吉思汗的继承者》，第64页，注284。《元史》卷180《耶律希亮传》误作秃忽思。

故名，"深广可容数千人"①。这些都是仿照哈剌和林的设置，遵依蒙古旧俗而设的②。

并建两都的制度是从游牧风俗发展变化而来的。蒙古国大汗在漠北时期的斡耳朵，随水草天气而迁徙：春天，他们弋猎于和林以北之地；夏天，迁至月儿灭怯土之草地；秋天，射猎于阔阔脑儿与乌孙豁勒之间；冬尽则避寒于汪吉河一带。忽必烈即位之后，也仍然保留春猕秋猎、避暑趋暖的习惯。每年4月春暖草青，忽必烈便携同他的后妃、侍从，从大都来到上都避暑。百官诸衙都分司相随，上都便成了朝廷的行都。元朝皇帝在这里除了例行的政事和行猎之外，还有一些特殊的民族仪式和活动。夏秋两季举行蒙古传统的祭天仪，皇族之外，他人均不得参加。在诸王贵族的忽里台上，皇帝大行宴享、横赐，还要宣颂成吉思汗的扎萨（法令）和必力格（箴言）。八九月里，凉秋既届，这一行人又返回大都住冬，可见两都制度的实行，除了维持蒙古旧俗之外，在政治上也还有联系与镇抚草原诸王宗戚的作用。

---

① 柳贯：《柳待制文集》卷5《观失剌斡耳朵御宴回》。

② 《成吉思汗的继承者》，第63～64页。

第七章　灭亡南宋

一、亡宋的准备

忽必烈即位开平后，派遣郝经出使南宋，通报他的即位，并要求正式签订议和书。当时，南宋朝廷正是贾似道擅权，他一手遮天，编造了诸路大捷，鄂围始解的大谎言，隐瞒议和称臣纳币的丑事。度宗以功晋封他为少师、卫国公。郝经一旦到来，这个骗局便要立即戳穿。卑劣的贾似道便指令真州地方官将郝经长期秘密扣押。为此，1261年7月，忽必烈下诏伐宋。但这几年里，阿里不哥与李璮的变乱迭起，他实无力南顾。

这时，偏安在江南的南宋小朝廷，已彻底糜烂，到了无可救药的地步了。理宗赵昀是一个"嗜欲既多，怠于政事"①的昏庸君主。他的晚年，阎妃怙宠乱政，与宦官董宋臣狼狈为奸。丁大全、马天骥等小人夤缘进用。董宋臣善于"逢迎上意，起梅堂、芙蓉阁、香兰亭，强夺民田。引倡优入宫，招权纳贿，无所不至，人以董阎罗目之"②。丁大全以强横手段逐走右丞相董槐，旋即得任为右丞相兼枢密使，专恣益盛，道路以目。有人书匿名帖于朝堂，上写："阎（妃）、马（天骥）、丁（大全）当，国势将亡。"度宗赵禥嗣位，贾似道擅权，"言路断绝，威福四行"③。朝政继续趋于腐败，贪风大肆；各地方官也争自为盗。贾似道在葛岭大起楼阁亭榭，取宫人娼尼中的有美色者为妾，终日淫乐其中，又招聚一批博徒日至纵博。他又酷嗜宝玩，穷搜暴夺，建造多宝阁收储，日一登玩。这个政权对老百姓的苛敛横征，也达到了前所未闻的程度。除政府的夏秋二税、身丁钱米，以及假和买、和籴等名目敛取于民的数目较之北宋增加了五至七倍之外，又创征经制钱、总制钱、月桩钱、版帐钱、田契钱、称提钱、折估钱、免行钱、麴

---

① 《宋史》卷45《理宗纪五》。

② 《宋史纪事本末》卷25《董宋臣、丁大全之奸》。

③ 《宋史纪事本末》卷25《董宋臣、丁大全之奸》。

引钱、纳醋钱、卖纸钱、户长甲帖钱、保正牌限钱，以及折纳牛皮、牛筋、牛钱等名目。甚至民有诉讼，两诉不胜则有罚钱，既胜则令纳欢喜钱[①]。真是敲骨吸髓，不留有余。即使如此，政府仍感财用匮乏。于是便大量发行纸币会子，每年一届。政府对滥发的会子无任何金银储备来保证币值，而却规定以新会子一来折收旧会子二。这样，陈陈相因，会子的发行数无限制地加多，币值则无底止地下跌，百物飞涨，百姓受害。官府又发明预借第二年两税的新花招。"预借一岁未已也，至于再，至于三；预借三年未已也，至于四，至于五。"[②]有的地方，在淳祐八年（1248）便已经预借将来六年的税收。由于吏治腐败，百姓在交纳赋税时还要受地方官吏的另一层剥削。以纳米为例，他们私自增大斗斛，多收加耗；又以呈样、修仓、头脚钱、支俵费等名目横加勒索。因此，百姓往往必须用三石才能纳清一石。至于外此官吏们上下其手，借机敲诈，以及由此而招致的损折赔累犹未计算在内。凡此种种，都促成政治腐败，民不

① 参见李心传：《建炎以来朝野杂记》甲集卷14；《历代名臣奏议》卷108赵汝愚《请蠲江西月椿钱物疏》。
② 《宋史》卷174《食货志二》。

聊生。1240年，徐荣叟入对时说："自楮币不通，物价倍长，而民始怨。自米运多阻，粒食孔艰，而民益怨。此见之京师者然也。外而郡邑，苛征横敛，无所不有；严刑峻罚，靡所不施；和籴则科抑以取赢，军需则并缘而规利；逃亡强令代纳，蠲放忍至重催。犯私贩者不问多寡，概遭黥徒；通官课者不恤有无，动辄监系。囹圄充斥，率是干连；词讼追呼，莫非枝蔓。"[①] 非单止此，地主豪强又乘机肆恶，土地兼并激烈，良田腴地集中在少数地主手中。他们中有的田产亘于数路，租米岁入万石。地主对佃户的奴役野蛮粗暴。佃客被牢固地固定在土地上，可以随田买卖。生男则为地主家奴，生女则为其婢，婚姻嫁娶都受其干涉。在这样一种情况下，南宋末的江南地区，人民负担沉重，阶级矛盾极端尖锐。

在地主阶级内部，长期来党比营奸，你倾我轧，混乱不堪。史弥远当国，为了增多收入，曾大括浙西围田及湖荡为公田。田事所官吏乘机克剥，以致"一路骚然，怨嗟沸腾"。贾似道接着更大张旗鼓地行公田法，按官品规定占田额，凡官民户逾额之田，其中的三分之

---

① 《宋史》卷419《徐荣叟传》。

一由政府征买。这一规定直接损害了地主的利益，加深了他们内部的矛盾。这个阶级的统治已趋于解体，连苟安的局面也难于维持下去了。

在这个垂死小朝廷的对面，便是虎视眈眈的新兴的元王朝。长期以来，蒙古统治者把侵灭南宋悬为他们既定的国策。忽必烈即位以后，建成了以蒙汉封建主联合专政的中央集权制政权，稳定了在北中国的统治，恢复并发展了北方的社会生产，蓄积了吞并江南、统一全国的力量。两相对比，南宋的灭亡已经指日可待，而它的统治者们却毫无警觉和作为，仍日夜沉浸在醉生梦死之中。

当时，元朝与南宋相持在两淮、襄樊以至重庆的一线上。淮东深流巨浸，不利于蒙古人用兵；淮西屏蔽建康，为江南门户，宋以重兵扼守，城坚兵精；四川地形复杂。相形之下，鄂汉江陵便是千里长蛇的软腹。1261年，宋泸州骁将刘整因内部矛盾，投降忽必烈。这不但使宋失去了重庆上游的险要，而且通过他，使忽必烈洞悉南宋的内部矛盾与军事虚实。刘整向忽必烈建议建设水军，先攻襄阳。忽必烈接受了这一建议。

襄阳是长江中游鄂汉地区的前沿重镇，是古来南北鏖兵的必争之所。它隔汉水与北岸的樊城互为犄角，江面上以铁链封锁，架浮桥相通，城守坚固。1268年正月，忽必烈敕陕西五路四川行省造战船五百。6月，立东西两川统军司，以刘整为都元帅，与大将阿术（兀良哈台子）同议军事，开展对襄樊的长期围困。阿术上奏说，若遇山水寨栅，非汉军不可，请令史枢以所率的河南、山东汉军协力征进。忽必烈批准了这一请求；又令于河南设置屯田，以资军食。刘整于是在襄阳城东的白河口建筑城堡，切断它同汉东地区的联系。1269年，忽必烈增派史天泽、忽剌出督师，筑堡鹿门，并封锁万山、射垛岗、鬼门关诸处樵苏之路；又在汉水西筑城，完成了对襄樊的合围。1270年又进一步收缩包围圈，筑环城以逼襄阳，同时筑堡万山以绝汉水西路的交通，立栅灌子滩以绝其东路。从此，水上交通也被封锁，襄樊二城已成为元军强大包围圈中的孤岛。

南宋政府希图援救。1268年夏，夏贵与范文虎奉命进援，失败而还。1269年春，宋廷任李庭芝为京湖制置大使，督师来援。范文虎不甘自己受制于李庭芝，便致信贾似道说：只要我领兵数万入襄阳，便可一战取胜。但愿不要使我受制于京阃（指李庭芝），事成则功归恩相（指贾似道）。贾似道果然命范文虎所部军直属朝廷指挥。李庭芝屡约进兵，范文虎但与妓妾嬖幸击鞠宴饮为乐，以未得朝廷命令为辞，拒不行动。

1271 年中，宋师多次进援，都被元兵打败。1272年，樊城外廓已被攻破。李庭芝为了与外援久绝的襄阳取得联系，以重赏募民兵 3 000 人，由民兵部辖张顺、张贵兄弟率领，乘汉江水涨，从上游冲破元军的重重封锁，突入襄阳。张顺战死。张贵与驻郢州的李庭芝取得联系后，复从襄阳乘舟顺流突围而出，不幸为元军尽歼于龙尾洲。宋廷为援救襄樊的最后一次努力也终遭惨败。这年冬，忽必烈命令把从西域征调来的亦思马因与阿剌瓦丁所制的巨型投石机，运至樊城城下。炮石重为 150 斤，"机发，声震天地，所击无不摧陷，入地七尺"[①]。1273 年正月，樊城破，守将范天顺、牛富力战牺牲。困守襄阳的吕文焕随即出降。

二、攻占临安

襄阳既陷之后，南宋的防线已开始从中路突破。元

---

① 《元史》卷 203《亦思马因传》。

朝将相大臣纷纷向忽必烈建议：乘破竹之势，席卷三吴，此其时矣！1273年4月，忽必烈在荆湖与淮西分别置行枢密院，翌年3月，复改为行中书省，以伯颜、史天泽、阿术、阿里海牙和吕文焕行省荆湖；合答、刘整、塔出、董文柄行省淮西。6月，大举兴师伐宋。为了突出重点以利统一指挥，又改淮西行省为行枢密院。主攻方向放在鄂汉地区，由史天泽、伯颜指挥，两淮和四川汪良臣则任牵制。

南宋的总兵力约70余万，其中的十分之二是老弱柔脆，用这样一个数目的兵力来应付东西六七千里的防线是不够用的。元军在人数上，加上新签的十万名在内，用在伐宋上的兵力最多也只能与宋相当。伯颜所部主力正军也仅为20万。另有相当部分兵力仍驻防在西北，以对付海都等叛王。但当时形势，南宋处于消极防守，守则势易分；元是积极进攻，且在进攻中正确地采用了集中优势兵力，从中路突破的战术。特别是从战斗力上讲，南宋方面是分崩离析，而元方面则是气势方张。力量对比，两者几乎是无法同日而语。

伯颜等出征陛辞的时候，忽必烈告谕他们说："昔曹彬以不嗜杀平江南，汝其体朕心，为吾曹彬可也。"①9月，伯颜与阿术会师襄阳，史天泽则因老病返回休养。大军分三道并进。伯颜、阿术总中军沿汉水趋郢州。另遣唆都由枣阳进司空山，翟文彬由老鸦山出荆南，以分散宋师对汉水防线的防守。

伯颜兵逼郢州，郢州夹汉水以铁链横锁战船，水中密布树桩，守将张世杰坚强抵抗，元军无法攻破。伯颜于是由黄家湾破竹席地，拖船入藤湖，出唐港，复入汉水，绕过郢州，顺流破沙洋、新城，进围汉阳军。他们佯称要由汉口渡江，诱使夏贵集兵汉阳防守，而实际上大军则自汉口开坝，引船进入沧河，径趋沙芜口，进入长江，围攻阳逻堡；并出其不意，自青山矶强渡长江，进围鄂州。知鄂州张晏然、知汉阳军王仪、知德安府来兴国皆以城降。伯颜于是留左丞阿里海牙以兵四万分省于鄂，规取荆湖，自己则与阿术沿江水陆东下。南宋知黄州陈奕、蕲州安抚使管景模、正在江州的兵部尚书吕师夔、知江州钱真孙、知南康军叶阊、殿前都指挥使知安庆府范文虎、池州都统制张林等，都是吕氏的旧部，在吕文焕的劝诱下，望风迎降。这班卖身以图富贵的无

---

① 《元史》卷127《伯颜传》。

耻之徒，跪倒在元军之前，乞恩求赏。"或自言未赏赉；或又自言己虽得名位，子弟部曲未官；至或自言某郡、某城有己屋室、奴婢、资业，身先未降时，行营尝谓若纳款，俟下其地，悉见还，今已克其所，乞如向所许。可羞可恶之状百出，死城廓封疆者，间有一二。"①

1275年正月，由正阳进军的阿答海、董文柄等与伯颜会合于安庆。元军的深入迫使宋丞相贾似道勉强亲出督师。他抽调诸路精兵13万溯江西上，金帛辎重之舟，舳舻相接，百有余里。在他出师期间，规定小事朝中宰执可以决定，大事则必须关白他的督府，不准擅行。1275年2月，贾似道分遣孙虎臣率精兵七万余进至丁家洲，夏贵督战船2 500艘，横亘江中，自己则将后军屯于鲁港。阿术率军猛冲孙虎臣阵，宋军阵乱。夏贵原无斗志，这时不战而走。贾似道惊愕失措，立即鸣金收兵。宋军大败返走，被杀死、溺死者无数；军资器械，尽为元有。贾似道仓皇单舟走还扬州。元军继续东下，知和州王喜降，驻建康的沿江制置使赵潚弃城走，权兵马司事徐王荣等降。接着，石祖忠以镇江降，李世

---

① 《元文类》卷31宋本《湖南安抚使李公祠堂记》。

修以江阴降，戴之泰、王虎臣以常州降。与此同时，在荆汉上流方面，驻江陵的宋荆湖制置使朱禩孙、湖北制置使高达以城降；峡州、归州、澧州等处也相继出降。元军并没有经过太多的战斗，便取得了长驱直入的胜利。军事的进展远远超过了忽必烈的预计。

元军的深入立即暴露了自己"军力分散，调度不给"的弱点。加以军队利财剽杀，"降城四壁之外，县邑邱墟"，激起了江南人民自发的反抗。因此，从夺取建康之后，反出现"自夏徂秋，一城不降"的停滞局面。① 当时宋淮东有李庭芝据扬州，淮西夏贵仍未公开降元，各地勤王之师四起。在元方面，西北叛王活动增剧，形势并不完全有利于元军，所以忽必烈一再诏伯颜不要轻敌贪进。5月，忽必烈召伯颜返京，商讨对策。鉴于南宋土崩瓦解之势已成，伯颜坚决主张全力征进，一鼓攻占临安。忽必烈采纳了这一计划。因其时右丞相安童受命巡边西北，乃以伯颜为中书右丞相，阿术为左丞相。在伯颜北觐期间，董文炳、刘国杰和张弘范军又大败宋将张世杰、孙虎臣于焦山，南宋舟师万余艘

---

① 《元名臣事略》卷8《左丞姚文献公》。

尽数焚毁。宋人自是"不复能军"。9月，伯颜取道益都，会同淮东都元帅孛鲁欢克淮安城，进破宝应军，陷高邮，围扬州，后回到建康。伯颜部署诸将，除留阿术经略淮东外，主力则军分三路：阿刺罕领右军自广德出独松关；相威、董文炳率舟师循海入浙；伯颜自己亲督中军出常州，期会临安。在上游方面，则以李恒、宋都带与吕师夔出江西；阿里海牙取湖广，分头并进。1276年正月，元大军逼近临安，宋廷官僚举朝奔窜，小皇帝恭宗赵㬎奉表出降。陈宜中、张世杰等拥益王昰等南走。3月，伯颜尽发南宋之府库、图册而凯旋，留董文炳、阿刺罕治行省事。赵㬎被送到上都觐见忽必烈，忽必烈封他为瀛国公。

三、平定闽广

1276年5月，南走的益王昰称帝于福州，传檄远近，号召恢复。6月，朱焕以扬州降元，姜才、李庭芝在泰州被俘牺牲。江西、湖南诸地也多为元军攻占。10月，忽必烈命塔出、吕师夔等以江西行都元帅府兵逾岭入广东；阿刺罕、董文炳、唆都以行省兵出浙东入闽，分道追击。11月，唆都别部下邵武，陈宜中、张世杰等奉帝昰走泉州。接着，提举泉州市舶蒲寿庚降元，帝昰复被迫浮海走甲子门。广州诸郡亦多降元。但是，这时由于西北有诸王昔里吉的叛乱，漠北告警，元军大部分主力陆续被抽调北上，江南新附之地，守备顿呈空虚。1277年3月，梅州、广州、潮州、邵武、兴化诸路又相继为文天祥等诸路抗元军所收复。各地人民也纷纷起来响应。他们"裂裳为旗，荷矛为兵"，所在为群，动辄万数。

在淮西，舒州张德兴杀大湖县丞张德颙，与六安人刘源起兵反元，蕲州人傅高也起兵响应，攻据黄州、寿昌，传檄淮东四郡。大江南北诸城邑多乘势杀元守将。湖北宣慰使郑鼎率军镇压，义军决堤灌水，郑鼎溺死。义军乘势进迫阳逻堡，鄂州城大震。

在湖南，张世杰遣祁阳令罗飞围困永州。各地义军闻风响应，如常宁黄必达，新化张虎、周隆，潭州文才喻等，动辄万人。他们阻山为砦，攻杀长吏。元常德府总管鲁希文亦谋响应。罗飞围永州长达七月，阻断了广西元军与北方的交通，引起他们极大的恐慌与混乱，纷纷请求撤守静江，以图合势保存，再绕道北还。

在浙江，青田季文龙、张焱聚淮军余部起义，杀死赵知府，自署两浙安抚使。环近七县俱起而响应。

在福建，长汀人黄广德自称天下都大元帅，起兵抗元。张世杰又派人联络农民军陈大举（陈吊眼）及畲族首领许夫人等进攻福州。张世杰的部将高日新收复了邵武。福州的原淮军李雄所部起为内应，杀元同知宣抚司事潜说友。

在广西，苏仲集合潭州溃卒万余人，据镇龙山，且耕且战，其势力且遍及横、象、宾、贵四州之地。

就是在这样一种形势下，7月，忽必烈迅速重新部署兵力，以稳定江南的局势。置江西行省，以塔出、麦术丁、彻里帖木儿、张荣实、李恒、也的迷失、失里门、程鹏飞和蒲寿庚等行江西行中书省事，分水陆两道进图闽广。塔出、李恒、吕师夔自江西以步骑入大庾岭；忙兀台、唆都、蒲寿庚、刘深自福建以舟师入海，穷追帝昰。8月，文天祥兵败于兴国。唆都下漳州，围潮州，不下，复去攻惠州，进而与吕师夔会兵，下广州。刘深进袭浅湾，张世杰奉帝昰走井澳，复放洋南走，刘深穷追至七洲洋，不及而还。各地的反元义军也相继被镇压。

1278年2月，帝昰还驻碙州。文天祥部经过休整后，又收复惠州。4月，帝昰死，群臣奉其弟卫王昺为帝。6月，史格攻破雷州。张世杰以雷州既失，而军队居雷、化二州犬牙交错之处，难于防守，于是移泊厓山。与此同时，各地的反元义军仍在伺机起事。其中规模较大的如处州的张三八、陈寿，衢州陈千三，湖南张烈良、刘应龙，以及福建的黄华、许夫人等。鉴于这种情况，忽必烈下决心彻底解决闽广的残宋势力，于是命张弘范、李恒为蒙古汉军都元帅，水陆并进。又命塔出、吕师夔、贾居贞行中书省于赣州，兼辖江西、福建、广州诸道，以保证后勤供应。10月，张弘范率舟师袭取漳、潮、惠三州；李恒由梅县进袭广州。11月，文天祥兵败五岭坡，被俘。1279年2月，张弘范、李恒合兵进攻厓山。元军先断宋军汲道，宋军坚持十日，渴甚，不得已掬饮海水，因而呕吐病泻，军中大困。元军乘潮南北夹击，宋军大溃，陆秀夫负帝昺滔海死。张世杰突围走海上，遇风涛覆舟溺死。

早在1265年2月元军攻下安庆、池州时，忽必烈就发布诏旨："诏谕江、黄、鄂、岳、汉阳、安庆等处归附官吏士民军匠僧道人等，令农者就耒，商者就涂，士庶缁黄，各安己业。如或镇守官吏妄有搔扰，诣行中书省陈告。"①5月，又特诏降元的湖北制置副使高达说："昔我国家出征，所获城邑，即委而去之，未尝置兵戍守，以此连年征伐不息。夫争国家者，取其土地人民而已，虽得其地而无民，其谁与居？今欲保守新附城壁，使百姓安业力农，蒙古人未之知也。尔熟知其事，宜加勉旃。湖南州郡皆汝旧部曲，未归附者何以招怀？生民何以安业，听汝为之。"②在这里，忽必烈明确地许诺在灭亡南宋后，将不损害原来的社会经济结构，并保证归降官民的既得利益。这对于号召归降，减少抵抗是有很大作用的。翌年临安既下之后，忽必烈又颁发诏书："凡归附前犯罪，悉从原免；公私逋欠，不得征理。""百官有司，诸王邸第，三学、寺、监、秘省、史馆及禁卫诸司，各宜安居。所在山林河泊，除巨木花果外，余物权免征税。"③12月，在诏谕浙东西、江东西、淮东西、湖南北府州军县官吏军民的诏文中，更明确宣

① 《元史》卷8《世祖纪五》。
② 《元史》卷8《世祖纪五》。
③ 《元史》卷9《世祖纪六》。

布："昔以万户、千户渔夺其民，致令逃散，今悉以人民归之原籍州县。凡管军将校及宋官吏，有以势力夺民田庐产业者，俾各归其主；无主则以给附近人民之无生产者。其田租、商税、茶盐酒醋金银铁冶竹货湖泊课程，从实办之。凡故宋繁冗科差，圣节上供、经总制钱等百有余件，悉除免之。"①把这种态度和措施同蒙古国初期所进行的原始掠夺性战争相比较，就不难看出不同时期战争性质的重大变化。元朝的灭宋战争，从性质上讲，它已经是封建地主间的统一战争，因此它对江南地区社会的破坏是比较小的。灭宋之后，尽管蒙古统治者又曾把它本身特殊的落后因素（如民族压迫及投下、驱奴、斡脱②等制度）加之于江南，给社会生产的发展及人民生活带来了消极的影响，但是，就政府所规定取之于人民的正额赋税差役而言，元朝较之南宋时期，却是大为轻省。《三阳图志》说："元一区宇，以宽民力为第一，凡前代无名之赋，一切蠲除，惟种田纳地税，买卖纳商税（商税三十取一）；鱼盐舶货之征，随土所有。本州自归附以来，客户亦纳丁米，每户二斗五升，今亦

---

① 《元史》卷9《世祖纪六》。

② 一种由官府或贵族具资，与色目商人共同经营的商业组织。

蠲免。"①《延平府志》说：元时"国无重费，不多取于民，九十年间，天下独称富庶"②。明人朱国桢指出：元时"赋税甚轻，徭役极省"③。于慎行也说："元平江南，政令疏阔，赋税宽简，其民止输地税，他无征发。"④足见元时江南人民赋役的负担，比起南宋来要轻，这无疑是有利于社会生产的发展，有利于人民生活的改善的。

① 《永乐大典》卷5343《潮州府志》。

② 《嘉靖延平府志》卷5。

③ 谈迁《国榷》卷1。

④ 《穀山笔麈》卷12。

第八章　大统一的元朝

　　忽必烈灭亡南宋后，统一了全国，一个空前规模的、全国大统一的王朝出现在世界的东方。《元史·地理志序》说："自封建变为郡县，有天下者，汉、隋、唐、宋为盛，然幅员之广，咸不逮元。汉梗于北狄，隋不能服东夷，唐患在西戎，宋患常在西北。若元则起朔漠，并西域，平西夏，灭女真，臣高丽，定南诏，遂下江南，而天下为一。故其地北逾阴山，西极流沙，东尽辽左，南越海表。"它大体上为我们今天的疆域奠定了规模。

一、巩固统一的诸项措施

　　全国统一以后，忽必烈采取了一系列措施，以确保对全国的控制。

行省制度的完成 亡宋以前，元朝已有河东、西夏、四川、河南、东京、云南诸行省的设置，但政区仍不固定。灭南宋以后，增置了淮东、湖南、隆兴、福建四行省及十一道宣慰司。为了发动海外侵略，还成立过征东、日本、占城等行省。1286年更定官制，规定行省长官不带相衔，只称某处行省某官。且规定行省一般最高长官为平章政事（后来个别行省也置丞相）。在全国范围内，逐渐固定为辽阳、陕西、甘肃、四川、河南、云南、江浙、江西、湖广（成宗时增置岭北省）等省。从此行省成为地方的高级行政组织，一直为后世所沿行。行省"秩从一品，掌国庶务，统郡县，镇边鄙，与都省（即中书省）为表里"。于地方事务，无所不统，"凡钱粮、兵甲、屯种、漕运、军国重事，无不领之"。①和宋朝的地方长官相比，行省的权力要大得多。但仍需"遵成宪以治所属，决大狱，质疑事，皆中书报可而后行"，"自笔库而上，皆命于朝"②。元王朝既实行中央

---

① 《元史》卷91《百官志七·行中书省》。
② 许有壬：《至正集》卷42《陕西行中书省题名记》；卷32《送蔡子华序》。

集权，但又加大了地方的必要权力，这种中央与地方权力机构的配置，大体上是与当时境土辽阔、行省政区广大、自然经济仍占统治地位、交通不便等情况相适应的。蒙古作为一个少数民族入主中原，内地原来深刻的阶级矛盾没有缓和，而民族矛盾又形尖锐，元朝统治者非加重地方行政机构的权力不足以及时应付并有效地进行镇压。在辽东、关陇、漠北地区，蒙古诸王贵族的领地错列，他们都习惯于专擅自为，也只有加重地方长官的权力，才有可能稍对他们进行抑制。

为了加强对地方官员的监察，1277 年 7 月，设江南行御史台于扬州，以相威为行台御史大夫，下领八道提刑按察司。1286 年又增置云南诸路行御史台（后来成宗时移京兆，称陕西行台）。监察御史每年分巡各地，纠察非违。

军事镇戍 灭亡南宋后，1276 年 3 月，明令括江南已附州郡军器。接着又连续下令平毁沿淮、襄汉、荆湖诸城及吉、抚二州城（隆兴滨西江保留），夔府城壁及川蜀城邑山寨洞穴 50 处（渠州礼义城等 33 处拨兵据守）。按照蒙古旧行办法，忽必烈为了加强对所有亡宋官员的防范与控制，敕令江南归附官员三品以上者，均遣其一子为质，来到大都充当皇帝的侍卫（1277年5月）。四川嘉定以西新附州郡及土官杨姓与田姓两家等贵官子弟，也受命充质子入侍（1279年2月）。忽必烈又三次（1276年6月、1278年5月、1279年4月）拣选江南精锐军队编入侍卫亲军。其余的原南宋军士，均招收改编，依旧例月支钱粮，称之为"新附军"，与原有的蒙古军、探马赤军和汉军同构成为按不同民族或地区人民所组成的军种。探马赤军是由蒙古人以外的诸部族所组成。[1] 平宋初期，忽必烈派军队驻防各地，军官并兼领民职。1278年11月，从囊加带之请，始令军民各异其属，如北方制度。1270年，有鉴于驻防的军官因久戍一地而发生强占田产、为虐百姓的现象，又决定改变江南领军长官世守而不迁易的作法，限以岁月，实行迁调。1282年，又派唐兀觯对江南的驻防军做了重新规划。唐兀觯于沿江诸郡，视便宜置军镇戍；对鄂州、扬州、泉州、隆兴等处行省，亦议用兵列戍，逐渐完成了一套周密的全国军事镇戍配置。《元史·兵志·镇戍》概括说："世祖之时，海宇混一，然后命宗王将兵

---

[1] 探马赤军原是充任先锋与镇戍边远地区的军队，经过演化而成为主要由色目人组成的军队。请参考《出使蒙古记》，第82页，注70。

镇边徼襟喉之地，而河洛、山东据天下腹心，则以蒙古、探马赤军列大府以屯之。淮、江以南，地尽南海，则名藩列郡，又各以汉军及新附等军戍焉。"通过严密的军事镇戍，收到了镇压人民反抗，暂时稳定统治的效果。

为了减轻军费负担，忽必烈从即位开始，便大兴屯田。统一全国之后，"于是内而各卫，外而行省，皆立屯田，以资军饷。或因古之制，或以地之宜"，从京都附近直到少数民族边远之区，都置兵屯旅。"由是而天下无不可屯之兵，无不可耕之地。"[1] 军屯之外复有民屯。屯田的总数约及 20 万顷。

经济政策 全国统一以后，忽必烈在 1276 年 5 月定度量衡制，以统一江南斗斛，规定宋一石当元七斗。禁止使用私制的度量衡器具，犯者笞五十七。1277 年 4 月，禁江南行用铜钱，以交钞易换南宋原行的交会，成为江南通行的货币。1280 年 6 月，江淮地区也废宋铜钱，颁行钞法。从此，除云南少数民族地区仍沿其旧俗使用"贝子"（一种贝壳）外，交钞成为全国通行的纸

---

[1] 《元史》卷100《兵志三》。

币。货币的统一以及南北方贸易禁限的开放，都大大有利于全国商业交换的发展。

元之赋税制度，在灭亡南宋以后，江南地区仍遵行宋制，故南北各不相同。《元史·食货志·税粮》说："元之取民，大率以唐为法。其取于内郡者，曰丁税，曰地税，此仿唐之租庸调也。取于江南者，曰秋税，曰夏税，此仿唐之两税也。"说北方赋税仿租庸调，自有不确切的地方，但也说明，北方税制比起沿行两税的江南来，是比较落后的。1280年，忽必烈令户部大定诸例。北方丁税定为每丁粟三石，驱丁一石；地税每亩粟三升。这个规定较之中统初沿行的耶律楚材所定每丁粟一石大为增重。江南地区，平宋之初，除江东、浙西外，其余地区独征秋税而已。1282年又行以绵绢杂物及钞折纳的办法。直到成宗之初，始定江南征收夏税之制。在税课方面，1275年11月，由阿合马主持重设诸路转运司十一所。1277年正月，又增置江淮等路都转运盐使司、江淮榷茶都转运使司。4月，罢各路转运司，以其事隶总管府，而另设盐转运司四所。此外，又有营田司、漕运司的设置，一时财赋征括机构大增。1278年6月，汰江南冗官，罢茶运司及营田司，以其事隶本道宣慰司；罢漕运司，以其事隶行省。然翌年4月，又立江西榷茶运司及诸路转运盐使司。5月，于各路设提举、同提举、副提举各一员，专领课程。

南北交通的发展　蒙古人从事游牧，立国以后，创行驿站制度，"宣朝廷之政，速边徼之警报，俾天下流通而无滞，惟驿为重"①。陆站的交通工具以马、牛、驴与车，水站以舟，东北地区有狗站。皆设专门的站户供役。四方往来的使者，"止则有馆舍，顿则有供帐，饥渴则有饮食"②，在全国统一以后，忽必烈把驿站制度推及于江南，形成通贯全国的驿站网。以故"梯航毕达，海宇会同。元之天下，视前代所以为极盛"③。

在发展南北交通中，运河的重凿与海运的创行具有十分重大的作用和意义。隋炀帝首凿交通南北的大运河，历宋金时期，久已淤塞不通。元统一全国后，把京城设在大都，"百司庶府之繁，卫士编民之众，无不仰给于江南"④。1289年，忽必烈采用韩仲晖、边源的建

---

① 《析津志辑佚》，第120页。
② 《元史》卷101《兵志四》。
③ 《元史》卷101《兵志四》。
④ 危素：《元海运志》。

议，从安民山之西南，由寿张西北至东昌，又西北至于临清开凿运河，引汶水以通御河，全长265里。建闸门31座，以节蓄泄。忽必烈命名为会通河。1291年，又用郭守敬的建议，引大都西北诸泉水，大体上循金朝的旧运粮河故道，东达通州，入于白河，全长164里。在大都与通州之间，建水坝闸门11处，计20座，命名为通惠河。大运河的修通，对沟通南北物资交流，保证元廷财用和大都的繁荣，都有着极大的作用。1293年，耄年的忽必烈还自上都，经过积水潭，望见海子里南来的船舶，鳞次蔽水，大为高兴。

早在伯颜下临安时，曾令张瑄、朱清以宋廷库藏图籍，由崇明州取海道载入大都。1282年，伯颜建议忽必烈实行海运，命上海总管罗璧及朱清、张瑄造平底海船60艘，运粮46 000余石，从海道至京师。由于航道初开，沿山求岘，风信失时，所以，一直拖到第二年始抵直沽。1287年，立行泉府司，专掌海运。运粮海船每年二月由长江口的刘家港出发，至崇明州三沙放洋，东行入黑水大洋，至成山，过刘家岛，至之罘、沙门二岛，放莱州大洋，抵界河口。"当舟行风信有时，自浙西至京师，不过旬日

151

而已。"①

民族压迫政策的新发展　很早以来，由于经济文化发展上的差异，中州士人对江南缺舌之人多存卑视。南北之间存在着地域的矛盾。金人入主中原，又在汉人中制造等级和矛盾，以利于统治，它把辽地人视为汉人，把宋河南山东人视为南人。宋金对峙期间南北的隔阂与差异又有所扩大，而有南人、北人（即南宋人与金统治下的汉人）的区分。元取江南后，对于原南宋所属的人称宋人、新附人或南人，而把原金所属者称为汉人。按照蒙古习惯，先降服的地区的统治者地位高于后降服者。例如：1270 年 2 月，高丽国王王禃来朝，忽必烈诏谕他说："汝内附在后，故班诸王下。我太祖时亦都护先附，即令齿诸王上；阿思兰后附，故班其下，卿宜知之。"② 对于征服地区的人民，习惯上蒙古统治者也是以降服的先后来区分其地位之高低，故汉人高于南人。在征服江南之时，南宋官僚纷纷投降，忽必烈暂时对他们都优予官职，以示招徕。接着，在 1278 年 6 月刷汰江南冗官时，忽必烈特谕中书省、枢密院和御史台

---

① 《元史》卷 93《食货志一》。
② 《元史》卷 7《世祖纪四》。

说："翰林院及诸南儒今为宰相、宣慰及各路达鲁花赤佩虎符者，俱多谬滥，其议所以减汰之者。"①经过这次刷汰，南宋的降官，除吕文焕、范文虎等个别有影响人物仍继续被任用，以为象征之外，其余均尽数清除。当时，汉人对南人是歧视的；南人对汉人也心怀不满。在元朝统一江南近十年后，北方人士仍视江南为炎徼荒远之区，不屑前去作官，被派出的也多半是"贩缯屠狗之流，贪污狼籍之辈"。南士被"列名于新附而冒不识体例（意即法令制度）之讥"，入仕无门。北方州县官几无南方人士②。南士张伯淳被召至京，上章请罢冗官，忽必烈颇为欣赏，令他与中书执政议行。"方条具其事，而大官贵人已不悦，曰：'何物远人，欲夺吾官。'使健者候诸涂，要诘之，几不得免。"③从这里也可见南人受歧视的程度。因此，在忽必烈时期，虽然在官方文书上无四等人制的明确记载，但实际上已存在蒙古人、色目人、汉人、南人的等级区分。他们在选举、法律、服色、征科等各方面，待遇多是不平等的。

① 《元史》卷10《世祖纪七》。
② 《雪楼文集》卷10《通南北之选》。
③ 《道园学古录》卷5《张师道文稿序》。

制历与纂修《一统志》 宋金时期，两方使用的历法各不相同。金初，司天官杨级用北宋姚舜辅的《纪元历》加以增损，沿称《大明历》，在1127年颁行。金世宗大定时，司天监赵知微重加修订。它被一直沿用下来，到至元中，已近百年，岁久时差，故日月交食失准。南宋末年所使用的《成天历》是1271年颁布的，它采用十九年七闰的古法，误差甚大。在临安既下之后，忽必烈就考虑到改制历法的问题。6月，以《大明历》浸差，命太子赞善王恂与江南日官置局更造新历，并先后以枢密副使张易、张文谦董其事。王恂以当时历法家多只懂得编历之术，不懂得制历之理，奏请增派精于历理的许衡共同商订。又选派了杨恭懿、郭守敬、岳铉等参加这一工作。许衡等认为金虽改历，但只就《纪元历》稍加损益，实未尝测验天文。于是他们在参考历代历法的同时，又利用大一统的有利地理条件，设监候官14员，分道测验，东起高丽，西极滇池，南至占城，北尽铁勒，凡27处。郭守敬在参考中外天文仪器的基础上，制成简仪、高表、候极仪、浑天象、玲珑仪、仰仪、立运仪、证理仪、景符、阔几、日月食仪、星晷定时仪、正方案、丸表、悬正仪、座正仪等星象和测量仪

154

器。1280 年 11 月，新历告成，忽必烈赐名《授时历》，下诏颁行。《授时历》是我国历代古历中最优秀的一种历法。它的天文数据是古历中最精确和最先进的，许多方面都远远走在当时西方的前面。

1286 年，行秘书监事扎马剌丁上言忽必烈："方今尺地一民，尽入版籍，宜为书以明一统。"① 忽必烈接受了这一建议，即令扎马剌丁与秘书少监虞应龙着手编辑。1291 年书成，凡 755 卷，命名为《大一统志》，藏之秘府。虞应龙自认为此书比前代地理书详备，但仍不甚满意，打算进一步网罗遗逸，证其同异 ②。在这个基础上，经过增修，到成宗时最后完成了《元一统志》一书。

在《授时历》完成的同年，10 月，忽必烈又亲诏女真人蒲察都实说："黄河之入中国，夏后氏导之，知自积石矣。汉唐所不能悉其源，今为吾地。朕欲极其源之所出，营一城，俾番贾互市，规置航传。凡物贡水行

---

① 许有壬《至正集》卷 35《大一统志序》。
② 许有壬《至正集》卷 35《大一统志序》。据《元史》：至元二十二年敕秘书监修地理志。二十三年二月征陈俨、肖䕫、虞应龙主编，唯应龙应召赴京。

达京师，古无有也，朕为之，以永后来无穷利益。"① 都
实历尽艰辛，完成了黄河源流的实地调查，并图其城
址、驿传的位置报告忽必烈。潘昂霄根据调查整理成
《河源志》一书。忽必烈置城通航的愿望虽然未能实现，
但调查的本身便是在大统一条件下所取得的重大科学
成就。

上述这一系列旨在巩固统一的措施，从忽必烈本人
的主观意图说，都是为保证蒙古贵族的统治服务的。因
之，其中的一部分单纯从压迫人民着眼，本质上是消极
的。但其余的大部分则对于发展经济和科学文化，促进
全国统一都具有积极的作用，且其意义与作用远远超过
当时的成就，因而是值得我们充分肯定的。

二、大统一的历史作用

大统一的元朝的出现，在我国多民族国家成长和发
展的历史上，标志着一个新的阶段。

早从 8 世纪中期开始，在我国封建经济进一步发展

①《辍耕录》卷 22《黄河源》。

的同时，地方和民族的割据势力，随着地区经济的发展而壮大起来。北宋政权结束了五代十国的割据纷争，完成了内地的重归统一，然在北面辽进据燕云十六州；西北夏国雄踞河西。女真灭辽之后，进一步南逼，南宋只能划淮而守，南北分裂的局面终于形成。而同时期四境的少数民族政权更是错列林立。与南宋、金同时存在的便有蒙古、西夏、畏兀儿、西辽、于阗、大理、吐蕃等各自独立的政权。"一代天骄"成吉思汗从草原上雄起，经过他和他的继承者们60余年连续武力征服的结果，所有这些各自分立的政权都被一一削平，迁延好几个世纪的分裂割据局面终于结束，一个空前广阔的统一国家，以雄伟的姿态出现在世界的东方。

关于大统一对中国历史发展所产生的重大作用，可以分别从以下三个方面来进行说明。

第一，大统一为南北社会经济文化的发展准备了条件。大统一结束了长期的分裂局面，出现了一个各民族、各地区，在统一中央政权管辖下的相对安定环境。南宋、金、西夏对峙期间，两淮、襄汉、陕南、陇西、河套等地区都是长期兵火蔓延的边地；漠南一线，也是瓯脱纵横之区。

全国的统一首先使上述广大地区摆脱了战火的骚扰，使人民有可能进行正常的社会生产。1277年3月，忽必烈从淮西地方官之请，诏令对庐州地区因战荒所造成的空闲田地，限原主人"半年出来，经由官司，若委实是他田地，无争差呵！分付主人教依旧种者。若限次里头不来呵！不拣什么人自愿种的教种者"①。1283年4月，又就淮西、福州、庐州地区荒地，"多出文榜，召募诸人开耕。若有前来开耕人户，先于荒闲地土内验本人实有人丁，约量摽拨，每丁不过百亩。如是不敷，于富豪冒占地土内，依上摽拨。据开耕人户，三年外依例收税"②。同年11月，又诏将江南属于官有的公田、围田、沙荡、营屯等各色田地，招农开垦，除"年限满日，依乡原例送纳官米"外，一切杂泛差役，尽行蠲免③。1288年正月，复诏"募民能耕江南旷土及公田者，免其差役三年，其输租免三分之一"④。据当时官府的报告："两淮土旷民寡，兼并之家，皆不输税。"在这

① 《元典章》19户部卷之5《田宅·荒田·荒闲田土无主的作屯田》。
② 《元典章》19户部卷之5《荒田开耕三年收税》。
③ 《元典章》19户部卷之5《田宅·荒田·荒田开耕限满纳米》。
④ 《元史》卷15《至元二十五年正月癸丑》。

种奖励政策下，两淮、河南地区迅速得到恢复。元朝中期，这里开始出现烟火相望，桑麻蔽野的兴旺景象。"民日生集，丛蓁灌莽，尽化膏沃，价倍十百。"① "生聚之繁，田畴之辟，商旅之奔凑，穰穰乎视昔远矣！"② 忽必烈统治时期，"淮北内地，惟输丁税"。成宗大德以后，政府才一再在这一地区括地征税，说明它的恢复已趋正常，再不是前时千里荆榛、枯骨满野的残破模样了。

两淮制盐业的恢复与发展，也是当时经济上令人瞩目的大事。北宋时期，"东南盐利，视天下为最厚"。其中淮南又远远超过两浙。南宋划淮而守，淮北的海州与涟水军陷于金。由南宋所控制的通、泰、楚州也连年为兵火所蹂躏，亭户逃亡，盐场废坏。尽管南宋政府迫于国用，极力榨取，淮南路所属三州产盐的总数仍比北宋时期淮南路的总数要高，但从发展来看，两浙路盐产量的增长却远为迅速③。元朝两淮之盐，1279年

---

① 《元文类》卷17 孛术鲁翀《知许州刘侯爱民碑》。
② 杨翮：《佩玉斋类稿》卷1《含山县题名记》。
③ 戴裔煊：《宋代钞盐制度研究》（上海商务印书馆，1957年），第37～48页。

额办 58 万 7 623 引，累增至元末高达 95 万 75 引。元制每引重 400 斤，故总产量合 3 亿 8 000 万斤，较之南宋中淮东路总产 1 亿 3 418 万之数，超出三倍。有元一代，"国家经费，盐利居十之八，而两淮盐独当天下之半"①。

运河与海运的开通大大促进了南北之间经济文化的交流。仅南粮北运一项，有元一代，海运粮高达年 330 余万石。官备船 900 余艘。这样大的一个海运船队常年活动在长江口至海河口之间，无疑是我国人民征服海洋最早的一个壮举。随着海运的发展，长江口的昆山新城迅速兴建起来。这里"旧本墟落，居民鲜少，海道朱氏（指朱清）翦荆榛，主第宅，招徕番舶，屯聚粮艘，不数年间，凑集成市"②。上海本华亭地，1290 年，以户口繁多，升为上海县。直沽是海运的终点，元朝政府在这里置仓屯粮，后来的天津市便是在它的基础上发展成的。通州城南十五里的新兴市镇张家湾，就是因张瑄曾督海运至此而得名。在南北大运河的沿线，一批旧有的城市更趋繁荣，一些新的市镇应时兴起。临清每届漕运

① 《元史》卷 170《郝彬传》。
② 《昆山郡志》卷 8《风俗》。

160

之期，"帆樯如林，百货山集"，"市肆栉比"①。会通镇附近，"浩浩六百里，远近牵舳舻。南金出楚越，玉帛来东吴"；"此地实冲要，昼夜闻歌呼"②。济州"高堰北行舟，市杂荆吴客"；"人烟多似簇，聒耳厌喧嚣"③。大都的富赡曾使东来的马可波罗惊叹，而杭州的富庶又使从大都南游的关汉卿惊奇。它们的繁荣在不同程度上都是依靠大运河这一条主动脉灌注的。据记载，元朝运河每年北运的粮食达500万石，如果与海运的数字相加，那么，每年北运粮食总量就高达830余万石。其他官府的丝棉织物、上供土产以及商贩的贸迁，其数字更难于统计。应该特别指出的是，我们在评估大统一所起的推动社会生产的作用时，是不应该仅以元朝为限的。就运河与海运（尽管明朝曾停止实行）而言，其巨大作用贯穿于明、清后世，久而愈显，这是任何人都能看清楚的。

南北统一也给文化科技的交流提供了便利，使有可能综合前人成就而获致新的发展。河源的探测，大范围

---

① 《临清县志·商业》引杨效曾《临清小纪》。
② 朱思本：《贞一斋诗文稿》。
③ 《济宁直隶州志》卷33《济州》。

内天文历数测量工作的完成，都只能是在大统一条件下才有可能实现。就以农学而论，元初由政府编成的《农桑辑要》，无疑是历代农学的一个总结，但在当代农学知识上，它却拘囿于北方所达到的水平。稍晚的王祯《农书》，成书在统一以后，其规模与内容便远较前者为高。王祯是山东东平人，长期在安徽、江西作地方官，有可能全面了解南北的农学知识与技术。他把通南北之制、贯古今之宜作为编撰《农书》的准则，要求通贯南北方的生产经验和技术，以求全功。它的出现，把我国农学推进到了一个新的水平。

北方杂剧的南传，从而导致北杂剧与南曲戏文的唱腔合流，形成南北曲兼用的体制。它既吸收北杂剧的结构严整的优长，又保存了南曲的表现灵活的特点，在我国戏剧史上是一大进步。程朱理学传入北方，并且开始在元国子学中占据统治地位，在我国思想史上也是划时代的大事。

当然，也应该指出，大统一诚然为社会经济文化提供了可能发展的条件，但是，在封建统治下，特别是元朝阶级压迫与民族压迫双重桎梏下，这种发展的可能性却始终受到抑制。因此，大统一本身的优越作用在当时并不能充分发挥，这也是无可怀疑的。

第二，边境少数民族地区得到进一步开发，民族融合及经济文化交流进一步加强。全国的统一使边境少数民族地区直接隶属于中央政权。元朝政府在这些地区设置了地方行政机构，派遣官吏进行管理。漠北地区，忽必烈时期设置了和林宣慰司都元帅府。成宗铁穆耳时升为和林等处行中书省，后又改称为岭北行中书省，成为全国十行省之一。在叶尼塞河上游地区，元朝设置了管理吉利吉思、撼合纳、谦州、益兰州等处的政府机构，派遣断事官进行统治。在混同江下游，设置了兀者、吉烈迷万户府，并在混同江口设征东元帅府，对骨嵬（库页岛）进行控制。西北的畏兀儿部，在部主亦都护（意为幸福之主）之下，特设大都护府，管理畏兀儿各城池及迁居于内地的畏兀儿人众。大都护府的官员、品秩都由中央规定，并由中央任命调遣。忽必烈又先后派皇子那木罕、诸王^①阿只吉、出伯等镇守，且分设斡端（今新疆和田）宣慰使司都元帅府，别失八里、和州等处宣慰使司都元帅府，立屯置驿。西藏的萨迦统治集团在窝

---

① 在元朝史籍里，凡系出成吉思汗黄金氏族的王子皆称诸王或宗王。

阔台时期率先归降蒙古，依靠蒙古大汗的支持取得政教的双重领袖地位。忽必烈即位后，任八思巴为国师，后又升为帝师、大宝法王。帝师总领全国的佛教徒，又管领吐蕃军民事务，是西藏地区政教合一的最高名义领袖。在中央又设立宣政院，"掌释教僧徒及吐蕃之境而隶治之"①。它是协助帝师行使职权的执行机关。宣政院下辖吐蕃等处宣慰使司都元帅府（府治河州，今甘肃临夏县）及乌思、藏、纳里速古鲁孙等三路宣慰使司都元帅府。从元朝开始，西藏正式列入中国的版图。云南在1273年设行省，并按内地制度，改置为三十七路、五府，属州五十四，属县四十七。至元末年，忽必烈又在澎湖设巡检司。从这里我们就可以看出，至元大统一的疆域幅员，大体可以与后来的清朝全盛时期相当。中国的版图基本上便是从这个时候奠定规模的。

把某些边境少数民族地区划一为全国通行的政区，任流官以代替世袭的酋领，本身无疑便是一个进步。特别是在统一的中央政权管理下，这些边远落后的地区，便有可能改变原来的孤立闭塞状况，利用内地的人力物

---

① 《元史》卷87《百官志三》。

164

力支援，以发展生产，提高文化，改革旧俗和防灾救饥。元王朝多次发军迁民，在漠北发展屯田和从事手工业，由政府颁发钞币、粮食、农具、衣装、渔具，以资生业。刘好礼为吉利吉思、撼合纳、谦州等处断事官，请命于朝，"遣工匠教为陶冶、舟楫，土人便之"[①]。姚天福为山北道按察使，以"其民鲜知稼穑，天福教以树艺，皆致蓄富"[②]。哈剌哈孙行省和林，择军中晓耕稼者杂教诸部落。这些都促使漠北地区的农业、手工业得到迅速的发展。与之相应的，由于广凿水井水渠、加盖牧厩、储存冬饲料等管理方面的改进，畜牧业也同样得到了发展。为了满足漠北的物资需要，元朝执行"重利诱商贾致谷帛用物"的方针，并由政府拨给巨款，以发展贸易（1286年）。以后又在和林实行中粮、中盐等制度[③]。在草原地区，一些定居城市先后发展了起来。

中央的赐赉与赈济对广大草原牧民发展生产和抗灾救饥也是不可缺少的支持。在《元史》里，中央对漠北诸部的赐予和赈济，不绝于书。西北叛王海都扰边，迫

---

① 《元史》卷63《地理志·西北地附录》。
② 《元史》卷168《姚天福传》。
③ 《元史》卷139《乃蛮台传》；卷140《铁木儿塔识传》。

使 70 余万草原民流徙云、朔间，朝廷计口给羊马之资，使免于冻馁①。1307 年，漠北大雪，民无从得食，哈剌哈孙"命诸部置传车，相去各三百里，凡十传，馈米数万石，牛羊称之。又度地立两仓，积米以待来者，全活不可胜纪。有饥乏不能达和林，往往以其男女弟侄易米以活，皆赎归之"②。1316 年，和世㻋自关中出走，道经和林西奔。漠北"人大震恐，并塞奔散。会天大雪，深丈余，车庐人畜压没，存者无以自活，走和林乞食，或相食，或枕籍以死"。元廷遣苏志道发仓赈济，又重价募商人致粟和林③。由于延祐间漠北连年大风雪，羊马驼畜尽死，人民流散，以子女鬻人为奴婢。1322 年，朝廷从拜住请，立宗人卫，统领县官所收赎的蒙古子女三千人，以遂生养④。这都是比较显著的事例，说明在中央的支助下，牧民的抗灾能力大大增强。

现有的资料证明，在元朝，蒙古草原地区作为统一中国的地方行政地区，它的社会生产，包括牧业、农

① 《元史》卷 173《马绍传》。
② 《元文类》卷 25 刘敏中《丞相顺德忠献王碑》；《元史》卷 136《哈剌哈孙传》。
③ 《元文类》卷 54 虞集《岭北行省郎中苏公墓志铭》。
④ 《元史》卷 28《英宗纪》；卷 99《兵志·宿卫》；卷 136《拜住传》。

业、手工业以及商业都曾得到稳定的发展。据元朝中后期的记载，那里的人们，"婚嫁耕植，比于土著。羊牛马驼之畜，射猎贸易之利，自金山、称海，沿边诸塞，蒙被涵照，咸安乐富庶，忘战斗转徙之苦久矣"①；和林地区，"生植殷富埒内地"②。

在其他少数民族地区，其发展的情况虽各有不同，但在统一的中央政权管理下，总的趋势有所进步则是一致的。云南在1274年置行省，忽必烈任赛典赤为平章政事。"云南俗无礼仪，男女往往自相配偶，亲死则火之，不为丧祭。无粳稻桑麻，子弟不知读书。赛典赤教之拜跪之节，婚姻行媒，死者为之棺椁奠祭，教民播种，为陂池以备水旱。创建孔子庙、明伦堂，购经史，授学田，由是文风稍兴。"③劝农使张立道修治昆明池，求其源泉所自，使水流宣泄得宜，辟地万余顷，皆为良田。彝族和白族人民虽已有蚕桑，但不得其法，张立道教之饲养，"收利十倍于旧。云南之人，由是益富庶"④。

---

① 《元文类》卷54虞集《岭北行省郎中苏公墓志铭》。

② 《至正集》卷47《苏公神道碑》。

③ 《元史》卷125《赛典赤瞻思丁传》。

④ 参见《元史》卷61《地理志四·云南诸路行中书省》；卷167《张立道传》。

元朝在云南大行屯田，行省所辖军民屯田共 12 处。经过元初的经营，中叶以后，"其民衣被皇明，同于方夏，幼长少老，怡怡熙熙，皆自忘其往陋"①。宁夏地区，朵儿赤大兴水利，"塞黄河九口，开其三流，凡三载，赋额增倍"②。在西藏，中央禁止地方政府擅自征兵、滥支乌拉（差役）、营放高利贷和霸占田土等非法行为。内地与西藏之间的商业活动空前活跃，藏民用土产毛织物、金沙等换取内地的茶叶等必需的生活用品，使生活得到改善。所有这些，都足够证明，在统一的中央政权管理下，各少数民族地区的社会生产都得到了不同程度的发展。

与此同时，又有大批少数民族人民进入内地定居，与汉人杂处。蒙古军、探马赤军之镇戍内地者，都是"即营以家"。蒙古、色目官吏之仕于各地者也往往就在那里定居下来，成为当地的土著。再加上政府的迁民、罪徙和民间的经商、流寓等原因，许多边远少数民族移住内地，形成大分散、小集中的局面，错落在汉人之间。一些西夏人在合肥定居，畏兀儿人移住在南阳、云

① 《元文类》卷 23 程钜夫《平云南碑》。
② 《元史》卷 134《朵儿赤传》。

南，合剌鲁人迁居襄阳、南阳，乞儿吉思人徙入山东。一部分南征的蒙古军开始在云南通海定居，还有一部分蒙古人因罪谴而安置在浙、闽沿海。在宣化、大同等地则是回回、阿儿浑、阿兰、康里、钦察和斡罗思等族人自成聚落的地方。在江南各地，回回人也为数众多。在大都、扬州、镇江、杭州、福州和泉州等城市中，民族成分更为复杂。各民族在内地普遍杂居，是元朝社会的一大特点。

各民族的大迁徙与分散杂居为民族的融合与经济文化交流敞开了道路。在共同的生产斗争与阶级斗争中，迁入于少数民族的汉人融合于当地少数民族，迁入内地的少数民族也逐渐融合于汉人队伍中，这是必然的。它为汉族和各少数民族都注入了新的血液。在广泛的经济文化交流中，既丰富和发展了汉文化的传统内容，也提高和传播了少数民族的优秀文化遗产。一大批少数民族的知识分子掌握了汉文化，成为卓有成就的政治家、文学家、剧作家、书法家、绘画家、诗人和科学家。儒家的典籍被大量地转译成蒙古等文字。畏兀儿族和藏族文化对蒙古族造成了深远的影响，蒙古族的传统文化与牧业、毛织技术也对北中国的发展起了多方面的作用。藏族的建筑与塑造艺术在大都留下了精湛的成就。海南黎族人民的棉纺织技术经过黄道婆的介绍传入松江地区，给后来江南经济的发展带来了划时代的影响。在长期友好杂居和广泛的经济文化交流中，也相应地增进了中国各民族人民的兄弟情谊。

第三，大统一也促进了中外交流的新发展。大蒙古国的建立和元王朝在蒙古诸汗国的宗主地位，促使中国与西方国家间的交通空前频繁。

西方人的东来，传统上或从陆路横穿中亚，进入新疆，即循举世闻名的"丝绸之路"；或是取海路绕印度与印度支那半岛抵达广州或泉州。两宋时期，陆路交通由于被沿途的割据政权截断，艰阻难通，海道转趋繁盛。元朝时期的海道交通，较之南宋更为发展。试比较成书于南宋时期的赵汝适《诸番志》与元末汪大渊的《岛夷志略》，后者所记录的海外地名几倍于前者，可知元人在海上活动的范围已远较前代更为广阔。但是，横跨亚欧的大蒙古国的出现，中西之间的陆路交通已发生了重大的变化。从 14 世纪初西方东来的旅行家看来，尽管存在海都、笃哇等叛王的骚扰，这条被前人认为是充满艰困和危险的陆道，比起必须冒印度洋的不测风涛和南海诸国的留难劫掠危险的海道来，还是要安全便捷得多。

国外贸易中的出口货物主要是丝绸、瓷器等。1291年忽必烈曾下令禁止携带蒙古男女贩往回回、忻都（印度）为奴，可知其时海上贩运人口的风气仍相当盛行。进口物资主要是珠宝、玉石和香料、药物。泉州的回回富商佛莲，家有海船80艘，死后家藏珍珠多达130石。回回富商们把西域的宝石，以呈献为名奉送予元朝皇帝，然后取得远超过其价值的重赏。一块重一两三钱的红刺（一种宝石）值中统钞14万锭[①]。当时来中国的使臣也多营商贩，贡赐本身实际上便是贸易的一种形式。1298年，伊利汗合赞派遣法合鲁丁与那海入贡元廷，进献包括大珠、宝石和文豹等奇珍异物。法合鲁丁又自带珍宝进献。合赞还以金十万付之，以购买中国土产[②]。当时的对外贸易，多是无关于国计民生的高级奢侈品，然而，从文化交流的角度上看，它的成果却又是意义深远、难于估量的。这一时期，中国伟大的科学发

[①] 《辍耕录》卷7《回回石头》。

[②] 《马可波罗注》，第1册第121页；参考《多桑蒙古史》，第2册第319页。

明——罗盘、火药、印刷术等先后辗转传入西欧。其他如发石机弩、喷射石油等攻城军事器械，天文历数，医术与中草药，西藏的喇嘛教与其建筑艺术等科学技术成果以及纸钞、牌符等都传入中亚，不少在伊利汗国甚为流行。另一方面，回回医学、天文学、威力"甚猛于常炮"的回回炮，尼泊尔高巧的范金术和建筑艺术，日本优美的染布印花艺术等，也都在这时传入我国，更加丰富和发展了我国的文化宝库。

第九章 与北边诸王的斗争

一、海都的叛乱与窝阔台汗国的兴起

早在蒙哥即大汗位时，窝阔台第五子合失之子海都被迁于海押立。对于大汗位从此由窝阔台系转入拖雷系之手，窝阔台后王们一直是心怀不满的。当时海都大约是一个十五六岁的青年[①]。据说，海都"极聪明、能干与狡黠"，总是能够以诡诈而取得其所欲达到之目的[②]。他逐渐纠合了一批部众，在忽必烈与阿里不哥的汗位争夺战中，积极支持阿里不哥，与忽必烈为敌。阿里不哥既败之后，忽必烈屡次遣使者征海都入朝，但都被他托

---

① 据巴托尔德的考证，海都生于1235年左右（《中亚四讲》卷1，第124页）。
② 《成吉思汗的继承者》，第23页。

词拒绝。

就在这时，察合台汗国的统治权已操于八剌之手。察合台汗国与海都的境地相接，海都恃强侵夺察合台汗国的境土数处，并把他的行营迁到阿力麻里之地。八剌率军与战，取得了胜利；但海都因得钦察汗忙哥帖木儿之助，又合兵来攻，八剌不敌，退走河中（今锡尔河与阿姆河之间的地区）。旋以乞卜察克（窝阔台孙）的调解，八剌于是正式背叛忽必烈而与海都结好。1268年，海都正式举兵称叛东犯，忽必烈起兵迎击，败之于别失八里；复乘胜逐北，追至阿力麻里。海都远遁2 000余里。1269年春，海都与八剌等大会于塔剌思河上，与会者宣誓保持蒙古传统的游牧风俗和习惯，并分划河中的利益：三分之二的土地归属于八剌；其余分隶海都与忙哥帖木儿二人。八剌认为他所得的地区不足以供养其所部之游牧部族，而垂涎于伊利汗国所属的呼罗珊。海都与伊利汗阿八哈原是夙敌，因此他竭力支持八剌向阿姆河以西发展的野心，使之既打击了自己的敌手，又能解除对自己的压力。他们于是协定来春八剌渡阿姆河攻呼罗珊，海都遣军以为支援。与此同时，他们还派遣使者来至元廷，质问忽必烈说："本朝旧俗，与汉法异，今留汉地，建都邑城廓，仪文制度，遵用汉法，其故何如？"①

1270年，八剌举兵渡阿姆河，进据呼罗珊之大部。然奉海都之命前来支援的乞卜察克等因与八剌的大将扎剌儿台失和，忿怨撤军还走。伊利汗阿八哈闻八剌军至，设计诱八剌进至只涅平原，伏兵齐发，重创敌军。八剌大败，仓皇逃走，退还不花剌。他在这里重集部众，遣军往讨临阵离贰的诸王，且请海都发兵为援。海都得到八剌西征失败的消息后，正拟乘势翦除，故亲自率军前来，突然以兵包围八剌营帐。八剌惊恨而死，其所属的诸千户皆转而效忠于海都，海都的势力从此大张。马可·波罗说：海都全军共有六万骑，其部众皆善战之士，训练有素，勇于作战②。汉文史料亦载他"号

① 《元史》卷125《高智耀传》说"西北藩王遣使入朝"，而不著其名，也不能确定其时间，唯记其发生在高智耀擢任西夏中兴等路提刑按察使之后。又附其子睿《传》谓其年高智耀死，睿年十六。高睿以延祐元年死，年六十六，则其十六岁之年为1264年（至元元年）。然首设山东东西、河东陕西、山北东北、河南河北四道提刑按察司，事在至元六年二月。据《大元官制杂记》：西夏提刑按察司之设亦在至元六年。《高智耀传》擢任西夏中兴等路提刑按察使，亦明系至元五年之后。故此次使臣来朝时间当在1269至1270年之间。其为海都、八剌等所遣无疑。

② 《马可波罗行纪》下册，第775～778页。

令专一，赏罚信明，士卒练习"①。这时的海都，不单取得大部分窝阔台后王的支持，且实际上控制了察合台汗国，成为雄据西北的一大势力，自认为是蒙古大汗正统的继承者。

鉴于海都的军事威胁日益加甚，1270年忽必烈亲自视师西北，驻跸称海②。翌年，诏皇子北平王那木罕出镇西北边，建牙于阿力麻里，率重兵戍守。

海都的兴起与察合台汗国、窝阔台汗国对元朝大汗的叛贰行动不单对西北边地造成连年骚扰，人民无以为生，多次大批向南流亡的灾难；同时，由于它们盘踞中亚，隔断了元朝与伊利、钦察汗国间的通道，给中国与西方的交通造成了障碍。已经敞开了的"丝绸之路"，由于蒙古汗国内部的不断战争而变得不安全，难于通行。战争对于大汗的权威也是一个有力的挑战和打击。特别是海都诸人以维护蒙古旧习俗的正统自居，这就使海都成了漠北蒙古诸王贵族中保守势力的总后台。忽必烈与阿里不哥之战，实质上是蒙古贵族中革新派对保守派的较量。阿里不哥失败之后，保守派的潜在势力，特

---

① 《滋溪文稿》卷11《郭敬简侯神道碑》。
② 《元史》卷134《刘容传》。

别是在漠北诸王及诸部贵族之中仍是相当大的。他们同样对于忽必烈在汉地营"建都邑城廓，仪文制度，遵用汉法"这一套做法无法理解而心怀不满。海都对忽必烈的这一责难，在某种程度上就是他们的共同呼声。这个呼声一直是牵制忽必烈改行汉法的巨大政治压力。至元八九年之后，元廷改行汉法的势头明显减退，它无疑也是原因之一。

二、昔里吉之叛

1273年，诸王孛兀儿出率所部兵与皇子那木罕合攻，击破察合台汗聂古伯。海都于是援立八剌子笃哇为察合台汗。翌年大扰南疆一带。1275年正月元朝正式下令追缴颁发予海都与八剌的金银符印。然犹再一次派遣昔班为使，劝谕海都罢兵和置驿入朝。大概正在这时前后，诸王火忽叛应海都，南疆一带，几不为元有 ①。

---

① 《元史》卷9《世祖纪六》："至元十三年正月，戊子，中书省臣言：王孝忠等以罪命往八答山采宝玉自效，道经沙州，值火忽叛，孝忠等自拔来归，令于瓜沙等处屯田。从之。"此部采玉罪人当即上年5月丙戌所纪之赴八达山屯田之三卫新附生券军。八达山或疑为巴达哈伤。观此可知其时沙州以西，已道路不通。

这时正是伯颜的伐南宋大军已深入建康，而军事进展一度转于滞缓的时刻。为此，忽必烈急从军前召伯颜赴阙，商讨对策。伯颜力陈灭亡南宋已是大功垂成，机不可纵。忽必烈于是同意伯颜立即返还军前，对临安发起总攻，以灭亡南宋。另一方面，为了应付西北的严重局势，又命右丞相安童以行中书省、枢密院事衔，前赴阿力麻里，协助皇子那木罕，以资防御。

安童在7月西巡，平息了火忽的叛乱。1276年夏，那木罕、安童的大军在伊犁河边度夏并围猎。诸王昔里吉（蒙哥子）、脱黑帖木儿（拖雷孙，岁哥都子）与诸军分散，而相会于猎所。他们因对安童分拨军饷心怀不满，谋为叛乱。脱黑帖木儿煽动昔里吉说：大汗之位本应该属你，忽必烈对待我等兄弟十分无理。经过密谋策划，他们拘捕了那木罕与安童，将那木罕与其弟阔阔出送交钦察汗忙哥帖木儿；将安童送交海都，并致书说："我等受厚恩于君，不敢忘君之大德。今以谋将前来讨君之忽必烈合罕诸子与诸异密拘捕致送。我等须不念前日之旧恶，勠力同心，以逐敌人。"海都得到来书后，了解到脱黑帖木儿等准备奉昔里吉为大汗，故不愿同他们合作，遂遣使回报说："奉承厚惠，所望实同。贵处水草丰美，可即留驻其间。"①脱黑帖木儿等因得不到海都的支持，乃引军东窜，攻掠原属窝阔台及察合台之诸斡耳朵，并散布谣言说，拔都诸子与海都及诸宗王已结成联盟，随后即可来到；并诱胁执掌诸斡耳朵之撒里蛮（蒙哥孙、玉龙答失子）等，东犯和林。与叛诸王中还有玉木忽儿、明理帖木儿（均阿里不哥子）。

忽必烈听到昔里吉叛乱的消息后，7月，立即派遣从临安护送所俘宋主至大都的李庭领军北上防堵，接着急令南征的大将阿术西巡；又驿召重臣相威北还，授征西都元帅，总领汪惟正军，以镇西土。正在西北警报频传的时候，1277年初，应昌的弘吉刺部贵族只儿瓦歹起兵应叛，大掠西窜，两都戒严。2月，忽必烈火速征集所有从江南调回的主力军及屯驻高丽的军队，由右丞相伯颜指挥北征。前锋别失里迷吉追及只儿瓦歹于和林，尽歼这股叛部；进而与东犯的昔里吉部相持于鄂尔浑河上。双方夹水而阵，相持终日。伯颜乘敌懈怠，麾军为两队，掩其不备，突起奋击。昔里吉军败。元军夺回了被掳的大帐；并乘胜逐北，逾阿尔泰山。据六盘山

---

① 《成吉思汗的继承者》，第266～267页。

应叛的诸王吐鲁也被擒获。1279 年，往掠乞儿吉思的脱黑帖木儿复领军赶至，再犯和林。元将刘国杰料敌悉众而至，营中必虚，遂选轻骑进袭。脱黑帖木儿辎重尽失，引残部还走。在不得已的情况下脱黑帖木儿求助于昔里吉，却遭到昔里吉的拒绝，因而大为不满。在退兵途中他忽与撒里蛮相遇，于是又背叛昔里吉而转奉撒里蛮为汗。

昔里吉闻讯后，与明理帖木儿及其他诸宗王聚军为备，并遣使责问脱黑帖木儿的背叛行为。脱黑帖木儿悍然答复说："昔里吉无勇，故我愿奉适合此位之撒里蛮为汗。"昔里吉自度不敌，无计可施，乃遣使于撒里蛮说："君欲取汗权，宜诣我索取，缘何求之于脱黑帖木儿？"脱黑帖木儿代答说："我等何故需前往汝处并向汝索取汗权？汝实应来我处！"昔里吉胁于强敌，只得屈从，亲往脱黑帖木儿处，共议奉撒里蛮为汗，并以此通告拔都诸子以及海都。玉木忽儿得报后，拒绝参加。脱黑帖木儿便率师进逼玉木忽儿。将战，脱黑帖木儿的军卒因不满他平日所行，临阵倒戈，尽降于玉木忽儿。脱黑帖木儿仅与十二随从亡走，中道为追兵所获处死。撒里蛮势孤力单，只好投降昔里吉，昔里吉尽夺其军，残部皆三三两两结伙亡归元朝。昔里吉恐撒里蛮为乱，便遣军士五十名将他押送往钦察汗国的火你赤处。行至氎的与讹迹邗地方，这附近有撒里蛮的私产，部属们得知他们的使长撒里蛮被拘，便聚群劫回了撒里蛮。撒里蛮于是重新集军，攻夺昔里吉的辎重，并在1282年正月，遣使归款于元朝。昔里吉得报后引军来战，但内部发生矛盾，又出现全军倒戈，尽降于撒里蛮的戏剧性变化，昔里吉孑身仅存，为撒里蛮所擒。玉木忽儿闻知昔里吉失败，急引军来援，其军临阵也皆释杖投降，本人也被撒里蛮俘获。撒里蛮决定解押昔里吉与玉木忽儿二人前往忽必烈汗庭。玉木忽儿托词有病，请停留二三日，暗中却以珍宝贿赂领地在附近的答里台斡赤斤（成吉思汗弟）后王，使率军突袭撒里蛮。撒里蛮仓皇无备，仅与一妻得脱，间关亡至忽必烈处。忽必烈对他大加礼遇。其后，昔里吉终于亡命于元；玉木忽儿投附钦察汗国的火你赤，后又降服于元成宗；明理帖木儿则降服于海都①。一场叛乱始趋平息。这次叛乱的参与者主要是蒙哥与阿里不哥的后裔，他们觊觎大汗位，反对忽

---

① 以上史实参考《成吉思汗的继承者》，第266～269页。

必烈，但与坚认大汗位之正统只能存于窝阔台一系的海都又利害不同，因此，他们一直不能与海都合作；海都对他们也没有给予积极的配合和支持。经过这次叛乱后，元朝在天山以北防线，已被迫收缩到别失八里；南疆地区在一度失去控制后，到1280年始复归元朝。

1284年，钦察汗脱迭蒙哥与宗王那海等致书忽必烈，表示臣服，愿入朝参加忽里台，且将拘留的皇子那木罕礼送回朝。在他们的影响下，海都也把安童送回。

1285年，笃哇、卜思巴（八剌子）等率兵12万东犯。元军统帅阿只吉（察合台孙）失子戒备，出伯（阿鲁忽子）所部在遭到笃哇袭击时失去救援，而致全军失利。笃哇进围驻和州的畏兀儿亦都护火赤哈儿的斤。亦都护受围六月，最后只好把女儿送予笃哇，请退兵解围。忽必烈得到阿只吉戒备不严而致败军的消息，立即改任伯颜为诸军统帅，组织防御。笃哇在久围和州无功后退走。1286年，海都、笃哇又联兵犯别失八里，伯颜率军与战于洪水山，都元帅、宣慰使綦公直、总管李进兵败被俘[1]。海都、笃哇军乘势而东。时亦都护火赤

---

① 《元史》卷154《李进传》；卷165《綦公直传》。

182

哈儿以和州经过去年兵乱之后，已残破不堪，故暂屯于哈密之地，兵少备疏。海都、笃哇军猝至，亦都护与战不敌，被杀。其子纽林的斤诣阙，请率兵为父复仇。忽必烈命令他"师出河西，俟与北征大军齐发"。他于是进驻永昌以待①。从此亦都护便以永昌为驻地。同年10月元朝重设别失八里元帅府，发军屯田戍守。

为了对付海都、笃哇及诸叛王的侵扰，忽必烈在亡南宋之后便几乎倾全力以资应付，在阿尔泰山及天山一线屯驻大军，派亲王、重臣镇守。驻漠北的有皇孙甘麻刺和战功赫赫的枢密副使、钦察卫亲军都指挥使钦察人土土哈。汪古部长阔里吉思兼护阴山以北，皇孙阿兰答镇关陇。河西至和州诸地则有皇子宁王阔阔出、宗王阿只吉、出伯和亦都护所部，吐蕃之地为皇子西平王奥鲁赤。元朝的绝大部分兵力都被牵制在这一条漫长而人烟稀少的边线上，其负担之沉重是可想而知的。

三、乃颜之乱

乃颜是左手诸王答里台斡赤斤的后代，有名的塔察

---

① 《道园学古录》卷24《高昌王世勋碑》。

儿国王的孙子。在西北诸王和昔里吉等的反忽必烈活动中，他们原是站在忽必烈一边的。但是，他们基本上仍保持旧有的草原游牧生活，对忽必烈的作为同样存在不理解。他们习惯于恣行攘夺，榨取无厌，把忽必烈采行汉法而规定的制度、法令视为对他们的束缚，并感到不满。这种情况很早就已经产生。1274年，忽必烈因大贵族头辇哥镇守辽东多扰民不便，特命旧臣廉希宪为北京行省平章政事，临行指示他说："辽霤户不下数万，诸王、国婿分地所在，彼皆素知卿能，故命卿往镇，体朕此意。"在这以前，亲王遣使者传令旨，地方官吏得站立聆听；他们非法扰民，地方长官根本不敢过问。廉希宪履任后据法整治，这些贵族们皆莫敢纵肆。但这不过是暂时的收敛。从1282年撒里蛮归命元廷，而竟为斡赤斤后王拦劫 ①，放走昔里吉、玉木忽儿的事实看，他们的恣纵不臣，已经发展到了难以容忍的地步。1284年，北京宣慰使亦力撒合即报告忽必烈：乃颜有异志，必反 ②。1286年2月，廷议以东北诸

---

① 此斡赤斤后王是否即乃颜，固难确定。屠寄考其为别里帖帖木儿（《蒙兀儿史记》卷74《昔里吉传》），亦具一说。

② 《元史》卷120《察罕传》。

王所部杂居其间，宣慰司望轻位卑，难于管理，故罢山北、辽东、开元等路宣慰司，而立东京等处行中书省。这一设施明显地是忽必烈有意钤束和防范诸王的专擅行为而采取的措施，但才过了五个月，在诸王的猛烈反对下，忽必烈又不能不曲加迁就，罢辽阳等处行中书省，恢复北京、咸平等三道宣慰使司。朝廷的退让并没有使他们感到满足。由于得到海都的支持，乃颜益形猖獗。他遣使于海都，相约"我今聚全力往攻大汗，请亦举兵夹攻，而夺其国"。海都欣然应命，答复说：行将举兵相应，并集兵十万骑为备①。1287年2月，忽必烈派遣伯颜前往乃颜的驻所，觇视动静，证实了乃颜的反状。伯颜以衣裘重赂驿吏，星夜脱归，报告朝廷。朝廷于是立即下令解除了乃颜对东北诸军的领导权，改任诸王阇里铁木儿（别里古台曾孙）节制。乃颜果然遣使者前来征发东道的兵士，忽必烈诏阇里铁木儿不予发给。4月，乃颜公开称叛。参加叛乱的还有哈丹秃鲁干、胜纳哈儿（均合赤温曾孙）、也不干（阔列坚曾孙）等。

---

① 《马可波罗行纪》中册，第291页。

忽必烈在上都得到乃颜反叛的报告，立即传旨北京等处宣慰司，凡隶乃颜所部禁其往来，毋令乘马持弓矢。且急遣伯颜驰镇和林，一以镇胁漠北诸王；另则遮断乃颜与海都的联系。又遣使者阿沙不花前往别里古台后王纳牙处，诱使他亲身入觐自陈。纳牙接受了入朝的劝告，这就瓦解了左手诸王的同盟，削弱从叛诸王的力量。"于是诸王之谋皆解"[①]。当时胜纳哈儿、也不干正领军岭北，潜谋响应。大将土土哈、朵儿朵怀识破了他们的阴谋，引军迫使胜纳哈儿单身入朝。也不干企图率众东走，土土哈昼夜穷追，渡土拉河，大败其军。乃颜的羽翼俱剪，其势大挫。

与此同时，忽必烈迅速集中部队，以迅雷不及掩耳之势，亲征乃颜。鉴于蒙古军将校多与乃颜关系亲昵，临阵时多"立马相向语，辄释仗不战，逡巡退却"[②]，忽必烈接受叶李的建议，除任勋臣玉昔帖木儿、博罗欢总戎先行外，5月20日，自己亲提李庭、董士选等汉军继进。这时的忽必烈，不单年事已高，且患有风湿，艰于行走，只得乘以象拉挽的舆车督战。

---

① 《元史》卷136《阿沙不花传》。
② 《元史》卷173《叶李传》。

乃颜是一个聂斯托利派基督教徒[①]，在他的旗帜上树十字架以为标志。他完全没有估计到老谋深算的忽必烈会如此迅速地集中部队，并且舆病亲征，因而并没有做足够的军事准备。6月3日，忽必烈大军突进至撒儿都鲁之地，乃颜党塔不带率所部六万，逼乘舆而阵。当时正值久雨，元军远来疲惫，又军中乏食。两军合战，胜负相当。入夜，元军遣壮士持火炮，潜入敌阵，一时炮声大作。已心存疑惧的叛军，听到炮声，大为惊恐，自相砍杀，全军尽溃。元军乘胜逐北，进而与玉昔帖木儿大军会合。于是，忽必烈以玉昔帖木儿统蒙古军，李庭统汉军，进围乃颜的失剌斡耳朵。马可·波罗对这次战役曾作过绘声绘影的描叙。他写道：大汗在出敌不意的情况下，拂晓时分进逼乃颜，乃颜方与其宠妻共寝。天亮以后大汗及全军至一阜上。大汗"坐大木楼，四象乘之，楼上树立旗帜，其高各处皆见。其众皆合三万人成列，各骑兵后多有一人执矛相随，步兵全队皆如是列阵。由是全地满布士卒"。"当两军列阵之时，种种乐器之声及歌声群起。缘鞑靼人作战以前，各人习为歌唱，弹两

---

① 《马可波罗行纪》中册，第299页。

弦乐器，其声颇可悦耳。弹唱久之，迄于鸣鼓之时，两军战争乃起。""由是双方部众执弓弩、骨朵、刀矛而战，其迅捷可谓奇观。人见双方发矢蔽天，有如暴雨。人见双方骑卒坠马而死者为数甚众，陈尸满地。死伤之中，各处大声遍起，有如雷震。"① 会战的结果，叛军大败，乃颜被擒。按照蒙古贵族处死宗王的惯法，乃颜被裹在毡里振死。从出师到擒杀乃颜，前后才一个月多。

忽必烈亲征的同时，辽东道宣慰使与皇子爱牙赤所指挥的一支军队击退了进犯咸州的叛军势都儿所部铁哥军，复转渡辽水，与宣慰亦力撒合合兵一起进趋懿州，削平乃颜余党，逐北至于金山②。叛乱基本上已告平定。当忽必烈出师亲征时，京都人心惶惶。因之，8月，忽必烈留下玉昔帖木儿辅助皇孙铁穆耳，率土土哈、李庭继续进讨乃颜余党势都儿和哈丹秃鲁干等，自己则班师还都，以安定人心。当他凯旋还宫时，伶人们夹道欢迎，其中有舞狮子的。挽舆的象见后受惊狂奔，执舆者无法制止，情况十分危急。侍卫在乘舆上的贺胜跳下

---

① 《马可波罗行纪》中册，第 298～299 页。
② 《元史》卷 133《塔出传》。金元史籍上的金山，或指兴安岭中段之索岳尔济山一带，或指阿尔泰山。此处系指前者。

来奋力拦阻，追上来的人断靷脱象，忽必烈才得平安脱险①。这年10月，忽必烈诏复立辽阳等处行尚书省，加强了中央对东北地区的控制。

在乃颜兵败后，哈丹亡还本部。1288年，哈丹与火鲁火孙（合撒儿孙）合谋内犯。铁穆耳进师合剌温之地，正值诸王也只里为火鲁火孙所攻，铁穆耳即令大将土土哈援救，击败叛军于兀鲁灰河。由玉昔帖木儿所指挥的另一路军与哈丹战于讨浯儿（今洮儿河）与贵列儿（今霍勒河）两河之间，大小数十战，不胜而退。李庭在战斗中中矢负伤，但他仍裹伤力战，并选士卒潜负火炮，乘夜于贵列儿河上流齐发。已经解鞍休息的敌军战马听到炮声，惊骇脱缰，四散奔逸。元军从下流渡河，天明进战，叛军因失战马，无力抵御。这时适巧土土哈亦率师来会，两支大军，合力奋击，哈丹军大败，渡讨浯儿河北遁。其时已届初冬，玉昔帖木儿扬言退兵，待来春再举，以麻痹敌人，而阴与诸王乃蛮台（斡赤斤后）率诸将兼程北进，涉过冰封的黑龙江，直捣哈丹的巢穴明安伦城。哈丹从此无所归依，只能流窜在辽东、

----

① 《元文类》卷53虞集《上都留守贺公墓志铭》。

西与女真、高丽之间，1291 年终被彻底剿灭。元廷于 1288 年败哈丹后，在东北地区设置了蒙古东路万户府，以资镇戍。

忽必烈以神速扑灭了乃颜的叛乱，显然也完全出乎海都的预计，使乃颜与海都之间原定的配合行动计划顿成泡影。1288 年内，海都与笃哇屡行犯边，对于元军深入追歼哈丹无疑也是一个牵制，但已无损于东北战局的大势。1289 年海都复大举东犯，败甘麻剌军于杭爱岭，和林宣慰使怯伯等叛应海都，漠北大震。忽必烈又一次御驾亲征，至和林时，海都已西撤，不遇而还。之后，海都仍连年入寇。1292 年，忽必烈不满伯颜在漠北的消极防御方针；廷臣中也有人谗伯颜久居北边，因循保守，无尺寸功绩，有与海都通好的嫌疑。忽必烈于是令玉昔帖木儿代伯颜总军北边，以辅皇孙铁穆耳，改取进攻的姿态，规取乞尔吉思。翌年春，土土哈履冰顺谦河北进，尽收益兰州等五部。海都素恃五部为左臂，元朝在取得五部之后，海都的左臂已失，因而大大地改善了岭北的防御形势。此后，元与海都、笃哇间的争战还迁延了十数年，直到成宗铁穆耳大德九年（1305）才彻底解决。

第十章　围绕阿合马展开的朝中政治斗争

一、阿合马擅权

元人资料中，把1275年7月安童出镇阿力麻里，说成是罢相，而且说是阿合马之徒谗间所造成的。不论事实怎样，有一点可以肯定，从这以后，中书省的权力实际上已完全由阿合马以平章政事一手独揽。

这时，有影响的金莲川幕僚已日呈零落。许衡早在1273年被迫辞职还乡；姚枢以昭文馆大学士，详定礼仪，已退居闲散的职位；廉希宪在罢相闲居之后出放外任；1274年8月刘秉忠病死；1275年2月史天泽病死。安童外放之后，阿合马更是少所顾忌，为所欲为，且极力对他的政敌进行倾陷排挤。1276年，工部侍郎董文用受谗陷，出为卫辉路总管。其时，张文谦任御史中丞，掌握着监察权力。阿合马阴谋排除台谏机关的牵制，因上奏忽必烈，请废罢诸道按察司，借以动摇张文谦的地位。张文谦向忽必烈极陈利害，得到允许，诸道按察司机构才得以保留。但他深知自己为阿合马所忌，无力与抗，只得力请求去。忽必烈改任他为昭文馆大学士，领太史院，负责修历工作。1276 年赵璧死，1278 年董文柄死，1280 至 1282 年间，姚枢、许衡、窦默、廉希宪、王恂、李德辉诸人皆相继物故。商挺因罪被籍，王磐、徐世隆诸人已或老或病。在中央负责的藩府旧僚已只有张文谦、张易、赵良弼三数人。老谋深算的张易在枢密院，"讽视权臣（阿合马），奸欺结舌，其傍若无与己然者"[①]，故能保住权位，与阿合马暂时相安无事。

金莲川藩府儒臣的亡故，固然是自然的规律。尚存的张文谦、董文用诸人去居闲散或外任，无疑多出阿合马的倾陷。但是，造成这一状况的根本原因还在于忽必烈的态度。正是忽必烈本人，从这时候起，对倚任汉人

---

① 《元名臣事略》卷 11《枢密赵文正公》。

儒臣，其中也包括他曾经倚重过的藩府老臣，已失去兴趣，因此，在姚枢诸儒臣之后，他并不求其后任有人。新提拔到尚书省负责的汉人中，右丞张惠是随势浮沉的人物；其他耿仁、郝桢这几个人，则都是阿合马的党羽。他们虽是汉人，但在当时政治斗争中却是依附于色目官僚集团的。

排斥汉儒是和中止进一步采行汉法互为因果表里的。从中统即位到至元八年（1271）为止，在汉人儒臣的襄助下，忽必烈完成了政权机构的创置和礼乐仪文的制作，最后迁都建号。一个大体上适应内地封建经济基础，而又充分满足蒙古贵族特权利益的新王朝已趋于完备，进而统一了全国。过此而全面改行汉法，便是意味着全面汉化，意味着蒙古贵族特权的丧失。这当然是蒙古贵族所不愿意的。加上对汉民族猜忌的加深，迫于蒙古贵族中保守势力的压力等，作为蒙古贵族利益的最高代表人物的忽必烈，从先前的积极革新转而成为消极保守是完全符合规律的。

也应该指出：就汉人儒士而言，他们之所以受到疏远，也有他们本身的问题。儒士，特别是理学家们，素性迂阔。在蒙古入主中原的初期，由他们充当中介创制立法，促成蒙古统治者从草原奴隶主到中原传统王朝封建主的转化，这对蒙古族乃至中国历史的发展，都是有积极意义的，因而是进步的。但当依靠他们来解决具体政务时，他们"王道仁政"的一套却往往迂腐不切实用。举个例子来说，1273年4月，襄阳、樊城已经攻下，忽必烈驿召姚枢、许衡等就灭亡南宋问题，询求决策，当时，灭宋的客观条件确已具备。在朝的名公钜卿，投合忽必烈蓄谋已久的心理，皆以声罪南讨为请，且争献攻取之略以邀功赏。惟独迂腐的许衡，却反对兴师，建议忽必烈"当修德以致宾服。若以力取，必戕两国之生灵，以决万一之胜负"①。儒家幻想以德而不以力来统一天下，用心也许是天真良善，但在实际生活中却只能是冬烘乡塾的陈言滥调，它理所当然地要受到崇尚实用的忽必烈所嫌恶。又如：1275年江南既下，忽必烈命阿合马与姚枢、徒单公履等儒臣集议，商讨在江南行钞法的问题。争论的焦点在于要不要立即用中统钞以更易南宋原行的交会。姚枢与徒单公履都反对更换。姚枢甚至说："江南交会不行，必致小民失所。"其实情况正

---

① 《圭斋文集》卷9《文正许先生神道碑》。

是相反。亡宋的交会这时已形同废纸，如果让它继续流行，其为害不问可知。所以忽必烈听了他们的议论后，正确地批评说："枢与公履，不识事机。"[①] 这两个例子都表明，当时奉为一代宗师的大儒，在实际从政中的主张却不少是空疏陈腐之见。忽必烈对他们已多有不满之词。1271 年，徒单公履建议实行科举。他知道忽必烈对于佛教是崇尚喇嘛教而嫌薄禅学，因此他向忽必烈进言时，引为譬喻说："儒亦有是，科举类教（喇嘛教），道学类禅。"忽必烈因之震怒，召姚枢、许衡与一左相（疑为耶律铸）廷辩。恰巧董文忠自外入，忽必烈正悻悻然发泄对道学的不满，因指董文忠数落说："汝日诵《四书》，亦道学者。"赖董文忠委曲陈说，事情才得平息[②]。这一场风波是由儒士内部的两个派别矛盾所引起的。徒单企图比附喇嘛教来攻击道学一派。忽必烈对金儒崇尚诗赋本是嫌恶的。他曾说过："汉人惟务课赋吟诗，将何用焉！"[③] 明显地表露了他对文士们吟诗作赋，尚文词，少实用习气的鄙薄。这次他借徒单公履的比附

① 《元史》卷 205《阿合马传》。
② 《元名臣事略》卷 14《枢密董正献公》。
③ 《元史》卷 159《赵良弼传》。

195

而批评道学家姚、许，当然不是有崇尚诗赋的意思，只不过是借机发泄对道学家们的不悦之情。可知这时的忽必烈，对于儒学已失去早先已有的热忱和兴趣。当时，在元廷中压倒一切的任务是伐南宋，统一全国；所急需解决的是增强军力，保证财用。儒士们迂阔的理论既不切近利，也无法实行，因此，忽必烈便愈益把善于征财取利的阿合马当成不可缺少的依靠。他对人说：宰相者，明天道，察地理，尽人事，兼此三者，乃为称职。回回人中，只有阿合马之才堪任宰相。其依重之深，可以概见。从 1277 年开始，中书右左丞相皆缺，阿合马已以平章政事而行丞相实权，1282 年，阿合马进位为左丞相。

阿合马的征利聚敛主要通过以下三种方式。

一是滥发交钞。1273 年以前，中统钞每年印行数多在十万锭左右，从 1260 年初创到 1273 年的 14 年内，累计才 105 万余锭。在这一段时期内，钞值是基本稳定的。1274 年伐南宋战争开始，钞的发行量开始直线猛增。在 1274 至 1286 年的 13 年内，共发行达 1 356 万余锭，较之前一段时期高出约 13 倍。当然，其中的一部分是交钞推行及于江南后所必需的增额，这是合理和必要的，但更大的部分则纯出于滥发。滥发的结果导致中统钞日益贬值，物价飞涨。到1282年前后，江南地区"每钞一贯所值物件，比归附时不及十分之二"①。

二是屡兴理算。理算也称拘刷、打勘，意即检查与清算诸官府所有出纳财物，核其欺隐，追征逋欠。这一制度在蒙古国时期常加举行。到至元中，特别是统一江南之后，在阿合马主持下，屡次大规模进行，作为征括钱财与打击异己的手段。郑思肖说："根刷弊倖曰打勘，实假名苦虐酋、行骗财之术也。州县上下司务，岁一二次打勘。任此责虐酋，支蔓根穷，贿赂归鞑。州县酋长甚苦此。为鞑之勾当者，人以鸬鹚为譬：鸬鹚得鱼满额，即为人抖取；鸬鹚更取鱼，人又抖取。劳无穷，利甚鲜。譬酋吏苛取民财，复为鞑囚胁取归鞑之苦。"②1285年10月郭佑上言："自平江南十年之间，凡钱粮事八经理算。"其实际负担，当然最后都落在人民身上。

三是增税。1275年，以军兴国用不足，阿合马请复立诸路转运司十一所，以亦必烈金、扎马剌丁、张

①《雪楼集》卷10《民间利病》。
②《心史·大义略叙》。

暠、富珪、蔡德润、纥石烈亨、阿里和者、完颜迪、姜毅、阿老瓦丁、倒剌沙等为使。其后又陆续分建了榷茶、运盐、宣课等司。这些官吏都以增课为能事，多方榨取；政府也以此为升黜标准，放任他们暴敛苛征。如安西王相府官赵炳提出："陕西课程岁办万九千锭，所司若果尽心措办，可得四万锭。"阿合马即任赵炳负责，两年之后，京兆等路岁办课便上增至五万四千锭。饶州总管姚文龙声言，江南财赋岁可办钞 50 万锭，他即任姚文龙为江西道宣慰使，兼措置茶法。这种办法在颇大的程度上带有包税的性质，即所谓"扑买"或"买扑"。扑买制度始创于北宋初。其法："通计坊务该得税钱总数，俾商先出钱，与官买之，然后听其自行取税以为偿也。"①宋、金时期，多行于坊场、矿冶、河渌。蒙古国时期，愈益盛行。富民刘忽笃马、涉猎发丁、刘廷玉且欲以银 140 万两扑买天下课税。这种大规模扑买的盛行，很可能与中亚地区流行的包税制度有一定关系，因而它也就为阿合马所大力推行。这就使税课日增，民生日困。以江南为例，据程钜夫在 1284 年左右的报告，

---

① 丘濬《大学衍义补》卷 32《鬻算之失》载扑买制度始于宋太祖开宝三年。

"茶、盐、酒、醋等税，近来节次增添，比附初归附时十倍以上"①。

阿合马的这些征利措施为忽必烈搜括到大批财物，因此，他也大得忽必烈的宠信。其子侄亲信遍布要津：长子忽辛任江淮行省平章政事，第二子抹速忽、三子阿散、四子忻都以及侄宰奴丁等或为礼部尚书，或为将作院（掌宫廷用品造作的机关）达鲁花赤，或领会同馆事，其家奴忽都答儿等也长期掌握大都的兵权。亲信郝祯、耿仁任中书左丞，马璘任江淮行省参知政事。以妻女姊妹献予阿合马的人都可以得到美仕。有个名蔡仲英的人，便是以女妻阿合马而官至尚书。商人卢世荣，"舆赃辇贿，输送权门，所献不充，又别立欠少文券银一千锭，由白身擢江西榷茶转运使"②。阿合马又"置总库于其家，以收四方之利，号曰和市"③。且倚势霸占土田，隐庇富户，恣为不法。对那些敢于揭露其奸恶的正派官员，则伺机构陷。江淮行省左丞崔斌、兴和宣德同知铁冶事秦长卿都被诬陷致死。亦麻都丁与阿合马有

---

① 《雪楼集》卷10《民间利病》。
② 《元史》卷168《陈天祥传》。
③ 《元史》卷168《何荣祖传》。

隙，刘仲泽曾忤阿合马，皆被执瘐死狱中。当秦长卿、刘仲泽与亦麻都丁执系在狱时，阿合马曾使人唆兵部尚书张鹏飞，请他杀此三人，事成则酬以参知政事之职。张鹏飞不为所动。阿合马大怒，奏出张鹏飞为澧州安抚使。其气焰之盛，由此可见一斑。

二、真金预政

当时，朝廷中不满于阿合马之所为，而又能对他进行裁抑的唯有皇太子真金。

真金是忽必烈正后察必可敦所生的长子①。早在忽必烈居潜藩时，他便令年少的真金从姚枢、窦默学《孝经》，又选王恂、李德辉等以为伴读。因此，真金从小便受到儒学的熏陶。

1262年，真金受封为燕王，守中书令；翌年，兼判枢密院事。这两个官职实际上只是虚衔，真金本人不过是每月两次至中书省署敕，但凡两府大臣有所咨禀，他都令在他身边充赞善的王恂与闻其事。王恂，中山

---

① 察必的第一个儿子朵儿只，早夭，故真金实于序为长。

人，父良，潜心伊洛之学。王恂师事刘秉忠，1253年由刘秉忠荐引，入侍真金，"每侍左右，必发明三纲五常，为学之道，及历代治忽兴亡之所以然"。他又以辽金事近接耳目，是总结政治经验的好教材，因就其史事区别善恶而论著得失，共20万言，供真金学习[①]。忽必烈曾为选蒙古勋旧子弟，使王恂教导，这就是元朝国子学的前身。通过王恂，真金全盘接受了儒家思想。

1273年，真金受册立为皇太子，仍兼中书令、判枢密院事。我们在前面已经说过，在忽必烈建立元朝之前，蒙古国汗位的继承与汉制的立嫡长是迥然不同的。大汗可以指定自己儿子或孙子中的任何一至二人为继位的候选人；但新汗的正式即位必须经过有宗亲勋贵参加的忽里台选举。而且，在忽里台上贵族们还可以在指定的候选人之外，另加遴选。因此，决定汗位继承的关键程序是忽里台，而实际起作用的是竞争者的实力。这样当然就容易发生继位的争夺，甚至于发展为武力相加。忽必烈自己便是凭借实力，自行召开忽里台而取得汗位的。忽必烈即位以后，汉人儒臣们就纷纷向他提出

---

① 《道园学古录》卷11《跋王赞善遗事》。

应该接受前此教训，采行汉制嫡长继承的办法，早立皇太子，以固国本。忽必烈接受了这项建议，真金因此得立。上述情况表明，真金不但在师从、教养方面与汉人儒臣们关系密切，而且，他的政治地位与前途都是与采行汉制利害相关的。因之，他始终倾心于汉文化，信任汉人儒臣，也必然主张进一步采行汉法。汉人儒臣们把他视为自己的靠山，并寄予很大的希望。真金极力庇护遭阿合马打击的汉人儒臣。当阿合马诬杀崔斌的消息传来，真金正在用膳。他恻然投箸，急遣人前往救止，但为时已晚。

1279 年 10 月，朝中的汉人儒臣有鉴于阿合马气焰方张，无力与之拮抗，于是策划拥真金出来亲政，借以裁抑阿合马的专擅。当时，忽必烈年事已高，多病而艰于行动。汉人儒臣们先串通太一道五祖李居寿，借作醮事的机会，向忽必烈提出了"皇太子春秋鼎盛，宜预国政"的请求，得到忽必烈的允准。在这以前，真金名义上主掌中书省与枢密院，然军国大事都是先向忽必烈奏请处置，然后再将它报告真金。真金对于忽必烈已经做出的处置，尽管有意见也不便再提出来，只好默认服从，因此他几乎不可能施加影响和作用于朝政。担任宝符郎的近侍董文忠建议忽必烈改变这一办法为先启后闻，即先报请真金处分，然后奏闻忽必烈认可；如果真金的处分有不妥之处，则忽必烈再以诏敕的形式裁断。忽必烈同意了这一意见，正式下诏令皇太子燕王参决朝政，凡中书省、枢密院、御史台及百司之事，皆先启后闻。从此，真金直接掌理朝政。

真金对于阿合马十分厌恶，平时"未尝少假颜色"。有一回，甚至以弓殴伤了阿合马的面部。当忽必烈问及阿合马面部致伤的原因时，阿合马不敢直说，嗫嚅而言，佯称是被马所蹴伤。真金当即揭穿他说：你还耻于讲明实况吗？这是我捧伤你的呀[1]！当众对阿合马进行折辱。因此阿合马对于真金，总是小心翼翼地回避。

1279 年的 12 月，有一批回回商人，从巴儿忽（今贝加尔湖东巴尔忽真河流域）之地乘驿前来大都贡海青鹰。他们所过之处，凡是不经他们自己按穆斯林教规宰杀的羊都拒绝食用。沿途的站户因而大扰。忽必烈得到报告后，大怒说："彼吾奴也，饮食敢不随我朝乎！"

---

[1] 《成吉思汗的继承者》，第 288 页。

为此特别颁发圣旨："从今已后，木速鲁蛮回回每、术
忽回回每，不拣是何人杀来的肉交吃者，休抹杀羊者，
休作纳速者。若一日合礼拜五遍的纳麻思上头，若待加
倍礼拜五拜做纳思麻思呵，他每识者！别了这圣旨若
抹羊胡速急呵，或将见属及强将奴仆每却作速纳呵，若
奴仆首告呵，从本使处取出为良；家缘财物不拣有的甚
么都与那人。若有他人首告呵，依这体例断与。"[①]元朝
把皇帝用蒙语口头颁示的训敕称为圣旨。这些圣旨再根
据当时的汉语口语硬译过来，便是元朝所特有的白话
圣旨。这道白话圣旨的意思是说：今后不论什么人宰
杀的牲畜，穆斯林教徒都不准拒绝食用。不许按穆斯
林教规宰羊。除每日五次礼拜外，不许增作礼拜。如有
违反，奴仆首告者得免为良民，并将主人家的家产全数
奖给。如有旁人告发，也依例奖给全部家私。这一条规
定使穆斯林不能按教俗宰杀牲畜，故无法为他们的儿子
们举行割礼。因而大批穆斯林商人被迫离开中国，中亚
商人裹足不敢东来，造成税收减少，珍贵之贡品不至的

[①] 《元典章》刑部卷之19《诸禁·禁宰杀·禁回回抹杀羊做速纳》，木速
鲁蛮，意即奉伊斯兰教者，术忽即犹太人，速纳意为宗教中之条例，
纳麻思即礼拜，胡速急当指牲畜。

国外贸易衰退局面①，成为当时中西贸易中的一大变故。中亚的豪商富贾来到元朝，勾通诸王权贵，以入贡为名取得乘驿的特权，任意侵凌站户，这在当时是极普通的事。但这一次问题竟闹到如此严重的地步，仿佛是颇难理解的事。它实际上是真金亲政之后，借机裁抑包括阿合马在内的色目人权贵的一项措施。这道禁令维持了七年②，只是当真金死后才告解除。这也足以说明，它的推行是与真金的亲政密切相关的。

三、大都暴动

阿合马的骄恣横暴引起了朝野上下汉人们的愤恨。

益都人王著，字子明，胆气过人，轻财重义，不屑小节，有侠士风。他曾做过小吏，因不得意，转而从军。他私铸铜锤，立志要杀死阿合马，为民除害。他与一个名为高和尚（或称高菩萨）的人意气相投，秘密结纳。高和尚自称有神术，能够役鬼为兵，遥制敌军，取得了任枢密副使的张易的信任。1280年2月，经过张

① 《成吉思汗的继承者们》，第294页。
② 《成吉思汗的继承者们》，第294页。

易的推荐，忽必烈派遣高和尚随同和礼霍孙前往漠北出征，以试验神术；王著也假授千户同往。可见高和尚、王著早就是与朝中的一些高级官僚有联系的。这次出征无验而还。于是高和尚僵卧家中，诈称死去。40 天后，他又复出，扬言再生，人们都以为神奇，争相奉拜，有徒众甚多，其中不少是官员、军士。

1282 年 3 月，忽必烈照例前往上都清暑，真金也陪同前去。阿合马留守大都，王著、高和尚等乘机图谋举事。17 日，他们集众在大都城北，分遣一部分前往控制居庸关；另一部分人簇拥皇太子仪仗，诈称真金还京作佛事，浩浩荡荡，向健德门进发 ①。他们在早晨先遣西番僧二人前往中书省，传令备办斋品供物。担任皇太子宫中警卫的高觿，因这两名僧人从未见过，颇有疑惑，经过盘问，却没有结果。将及中午，王著又遣崔总管矫传皇太子令旨，命枢密副使张易发兵，于当夜会集在东宫之前。王著本人又驰见阿合马，通知他真金将至，命令他集会中书省官员到东宫前等候。阿合马得到

---

① 据《史集》，派往控制居庸关者为二千人（另一种版本作十千人）；入大都城者为一千人。《元史·阿合马传》但云："结八十余人，夜入京城。"

命令后，即遣中书右司郎中脱欢察儿领数骑出健德门，觇伺究竟。脱欢察儿等出城十余里，正与拥仪仗乘轿前来的伪皇太子一行相遇，尽被处死。队伍通过健德门，直奔东宫的西门。守卫东宫的高觿，与尚书忙兀儿、张九思等已调集卫兵在等候，正值张易率领右卫指挥使颜义（或作颜进）也领兵前来，高觿问张易到底发生了什么事？张易神秘地回答说："夜当自见。"经过再三追问，张易才附耳悄悄地告诉高觿说："皇太子来诛阿合马。"

这时，天已入夜，在人马喧阗、烛光旗影中，伪皇太子的队伍已来到东宫西门外。一人前来传令宫门启关。高觿、张九思等不放心，商议说：过去皇太子殿下回宫，必派完泽、赛羊为先遣，只有见到他们二人才可以启关，于是高觿请见二人，不应；他便向叫关者询问说：以往皇太子从未走过此门，今天为什么来这里呢？这一行人见赚门无计，便转趋南门。在宫前下马。阿合马和众省官正迎候在宫外柳林里。伪太子立马指挥，呼省官前来，责问了阿合马几句，王著立即将阿合马牵去，用袖藏的铜锤猛击头部，阿合马登时毙命。他们又唤左丞郝祯前来，加以处死；并执系右丞张惠。枢密院、御史台、留守司的官员们，都噤声遥立，莫测其故。这时，高觿、张九思已转至宫南门上，看出来情况异常，大呼有诈。留守司达鲁花赤博敦闻声持挺直前，击伪皇太子坠马，军卫弓矢乱发，乱党四散奔溃。王著挺身受捕。高和尚逃去，很快也在高粱河被捕。

忽必烈在察罕脑儿接到大都暴乱的消息后，大为震怒，立即返至上都，令枢密副使孛罗、司徒和礼霍孙、参政阿里等驰驿至大都，镇压叛乱。22日，王著、高和尚等被处死。张易也同被处极刑。王著在临刑时神情慷慨，大呼："王著为天下除害，今死矣！异日必有为我书其事者。"

参加这次暴乱的人，据《史集》所记，多达数千；元人文集中说数百人，即就《元史》所记，单是结队冒充皇太子仪卫的队伍就达80余人。其中至少有总管、千户等官职人员。它的组织也很周密，并能够使用皇太子的仪仗、印信，所以才能随意出入都门，召集百官，使阿合马之流深信不疑，顺利地达到了铲除阿合马的预定目的。暴乱的幕后关键人物无疑便是枢密副使张易。张易早与王著、高和尚相过从，且荐高和尚随军验术；暴动的当晚，他已早知为皇太子来诛阿合马。《元朝名臣事略》卷 11《赵良弼传》引虞集的记载说："贼之入也，传太子令索兵甚遽。易素恶相奸，即以兵与之。"[1]这也证明，对张易来说，所谓皇太子来诛阿合马一事，他是事先知情的。他被杀后，"刑官复论以知情，将传首四方"[2]。同他一起率兵前来参加的右卫指挥使颜义在乱军中中矢死，亦被控为乱党，家属拟坐罪籍没。可知这次暴乱是一个有组织、有背景，得到张易、颜义、崔总管等一批高级汉人官僚支持或策划的行动。忽必烈甚至怀疑在张易等之外，还有其他预谋者，其中包括与张易是老同学、关系极深的张文谦。

然而，王著的勇敢行动却得到了广大汉人的赞许和同情。据说，阿合马被杀的消息传开，大都市民无不欢呼雀跃，"贫人亦莫不典衣，歌饮相庆，燕市酒三日俱空"[3]。同时人王恽，为王著写了一首长诗《义侠行》。序文中说：阿合马"恶贯盈，祸及天下，大臣当言，天吏得以显戮，而著处心积虑，一旦以计杀之，快则快

---

[1] 今本《道园学古录·张九思神道碑》改为"易不能辨其伪，不敢抗，以兵与之"。即《元史·张九思传》所本，明显是一种回护，且与《元史·高觿传》所记张易"附耳语曰皇太子来诛阿合马"相矛盾。

[2] 《元史》卷 169《张九思传》。

[3] 《心史·大义略叙》。

209

矣！终非正理。夫以匹夫之微，窃杀生之柄，岂非暴豪邪！不谓之侠，可乎？然大奸大恶，凡民罔不慭；又以《春秋》法论：乱臣贼子，人人得以诛之。不以义与之，可乎？""以义激于衷，而奋捐一身为轻，为天下除害为重，足见天之降衷，仁人义士有不得自私而已者，此著之心也。何以明之？事既露，著不去，自缚诣司。败以至临命，气不少挫，而视死如归，诚杀身成名，季路、仇牧死而不悔者也。"[①] 王磐也写过一篇《铁椎铭》，说："朱亥贝金，张良受之，合以忠义，锻成此椎。"[②] 把王著比之在博浪沙椎击秦始皇的张良。这无疑是当时汉人中普遍的看法。尽管王著已被正典刑，但他们对王著却公开进行赞扬。暴乱发生后，忽必烈召典瑞少监王思廉秘密谈话。忽必烈问：张易反，你知道吗？王思廉回答说：不太清楚。忽必烈大不满意地说，已经反了，你怎么仍说不清楚呢？王思廉镇静地陈说：僭号改元谓之反，亡入他国谓之叛，群聚山林、贼害民物谓之乱。张易的情况，我实在弄不清楚属于哪一种。忽必烈又问：张易所为，张文谦知道吗？王思廉一口断定说：张文谦

---

① 《秋涧先生大全文集》卷9。
② 蒋子正《山房随笔》(藕香零拾本)。

210

不知。忽必烈追问有什么证据？王思廉很自信地说：这两人意见不合，所以我能肯定张文谦不知情。王思廉公然在忽必烈之前为两张曲辩。张九思也在真金前为张易开脱，说："张易不察贼诈而与之兵，罪至死宜矣！而为其预贼谋，则无也。"这都表明在当时广大汉人中舆情激昂的程度。一贯在色目人与汉人官僚间玩弄平衡以确保他的稳定统治的忽必烈，又不失时机地采取了缓和汉人舆情的措施。在真金的支持与疏通下，忽必烈同意将张易的罪状改为"应变不审"，而免于传首四方；颜义的家属也不予坐籍。接着，阿合马的许多奸恶行为很快被揭发出来。忽必烈转而立即命将阿合马发墓剖棺，戮尸于通玄门外，纵犬啖食其肉；并说："王著杀之诚是也。"4月，政府全面改组，和礼霍孙被任为右丞相。在真金的大力支持下，更张庶务，朝政为之一变。

第十一章　在起伏的政潮后面

一、真金与和礼霍孙的改更庶政

有关和礼霍孙,《元史》上保存的资料十分有限。在阎复撰写的谥文里,说他是元勋的后裔。他在1268年10月被任为翰林待制兼起居注,1275年3月主掌翰林兼国史院,仍旧纂修国史、典制诰、备顾问。1278年5月,忽必烈曾诏他:今后进用宰执及主兵重臣当与儒臣老者同议。1281年10月以翰林学士承旨守司徒。可知他一直颇得忽必烈信任,而且拥有相当大的实际权力。1280年,王著、高和尚受命北征,统军的就是和礼霍孙。

和礼霍孙出任右丞相,显然是出自真金的推荐。为了鼓励和礼霍孙放手改更阿合马时的弊政,真金明确地指示他："阿合马死于盗手，汝任中书，诚有便国利民者，毋惮更张。苟或沮挠，我当力持之。"[①] 从 1282 年 4 月到 1284 年 10 月的两年半多的时间里，他们的工作主要有以下三个方面。

查处阿合马党羽，籍没阿合马家财。所占民田，给还原主；影庇富户输赋其家者，仍输之官；所有家赀、牲畜及其妻子亲属所营资产，尽行抄没；所隶奴婢纵放为民，以其居第赐和礼霍孙。诛其子忽辛、抹速忽、阿散、忻都及其党耿仁、撒都鲁丁等。对郝祯也剖棺戮尸。右丞张惠，对阿合马所为附和浮沉，同被革职。参知政事阿里，也是阿合马之党，在阿合马被杀之后，他还出面请求以阿合马第三子忻都承袭父职。尽管他颇得忽必烈的欣赏，但真金仍借"越例"的罪名，把他罢职[②]。朝廷专置黑簿，以登记阿合马党人，共列 714 人。对其中的 133 名尤劣者革官，其余 581 人，尚无明显过恶，姑允留任。御史台的御史因明知阿合马的罪行而徇私自保，无所纠举，也尽数罢黜，惟杜思敬因受眷于忽

① 《元史》卷 115《裕宗传》。
② 参见《元史·世祖纪》至元十九年五月癸未；卷 115《裕宗传》；卷 173《崔彧传》。

必烈而独被留任。集贤学士崔彧且坚请对阿合马所用的人，"凡守门卒隶，亦不可留"。忽必烈用"已敕中书，凡阿合马所用皆罢之，穷治党与，纤悉无遗"①来进行搪塞。实际上，朝廷和地方都仍有不少与阿合马关系密切的人员被保留了下来。

起用旧臣。重新起用耶律铸为左丞相，麦术丁为中书右丞，张雄飞为参知政事，张文谦、商挺相继为枢密副使，董文用为兵部尚书。一批仍健在的藩府旧僚又得到起用。此外又有一批由真金所征聘和推荐的汉人官员开始分布在政府的许多要害部门。早在1281年，真金便让宋衜推荐可备顾问的儒士。宋衜列举了郭祐、何玮、徐琰、马绍、杨居宽、何荣祖、杨仁风等人。真金指示他："是数人者，尽为我致之，宜自近者始。"于是召何玮于易州，徐琰于东平。他们两人在和礼霍孙主持中书后都得到重用：何玮参议省事，徐琰为左司郎中。真金鼓励他们说："汝等学孔子之道，今始得行，宜尽平生所学，力行之。"②先后受到擢拔，在朝中担任要职的还有杨恭懿、董文用，同议省事；马绍任刑部尚书；

① 《元史》卷173《崔彧传》。
② 《元史》卷115《裕宗传》。

刘因为右赞善大夫，代替已故的赞善王恂，主掌国学以教近侍子弟；夹谷之奇为吏部郎中，随即迁左赞善大夫；耶律有尚任国子司业。其他如何荣祖、杨仁风、郭祐、杨居宽诸人也陆续擢居显职。

改善吏治。阿合马所滥设的官府204所中，除33所奉诏保留外，其余尽行撤罢。并一再采取行动，"汰仓库官""去江南冗滥官""拣汰各道按察司官""汰冗官"。1283年正月，和礼霍孙且请于忽必烈："阿合马专政时，衙门太冗，虚费俸禄，宜依刘秉忠、许衡所定，并省为便。"[①] 这个建议虽然得到忽必烈的批准，但实际上不见实行。政府还颁布规定：民间贷钱取息之法，以三分为率，不许多取；禁止本路长官任用私人担任所属境内府、州、司、县的官员；整顿盐法、钞法；检核京畿隐漏田地，实行履亩征税，敕权贵所占田土，量给各户之外，余者悉予怯薛歹耕种；沙汰江南已籍匠户十九万余为民。

《元史》记载：真金"在中书日久，明于听断，四方州郡科征、辇漕、造作、和市，有系民休戚者，闻

---

① 《元史》卷12《世祖纪九》。

之，即日奏罢"。真金曾特遣使征原南宋工部侍郎倪坚，访以古今成败得失。倪坚进言："三代得天下以仁，其失也以不仁。汉、唐之亡也，以外戚阉竖；宋之亡也，以奸党权臣。"[1] 真金倾心嘉纳。他曾令蒙古贵胄子弟阿八赤入学读书，阿八赤遵令入蒙古国子学，一年以后，真金又见到阿八赤，问其所读何书？阿八赤以蒙古书对。真金很不以为然地说："我命汝学汉人文字耳！其亟入胄监。"[2] 从这些事例里，我们可以明显地看出：真金对于学习汉文化，始终抱积极的态度。在他主持下的各项政策无不是以儒家的仁政思想为指导的。他力求恢复至元前期由刘秉忠、许衡、姚枢等所辟划，而后来被阿合马所破坏的政制，并且计划在采行汉制上继续前进。1284 年 10 月，和礼霍孙且奏请开设科举。

就在阿合马被谋杀的同年 12 月，中山人赵保住上匿名书，说有一支义军图谋攻入大都城，劫救已被囚系三年的宋丞相文天祥。这对于忽必烈又是一大震动。文天祥被系以来，忽必烈一直采取威胁利诱，希望他能归降，为己所用。见到匿名信之后，忽必烈于是急忙将文

① 《元史》卷 115《裕宗传》。
② 《元史》卷 115《裕宗传》。

天祥杀死，并把瀛国公赵㬎等迁往上都。这件事情表明，在阿合马被杀之后，忽必烈对于汉族人民的猜忌与恐惧心理，又有了进一步的加深。

二、卢世荣主政

对于由真金所支持的和礼霍孙政府的施为，老耄保守的忽必烈，其初碍于真金的情面，并没有显加批驳，但实际上是冷眼旁观，很不满意。《元史》说："阿合马死，朝廷之臣讳言财利事，皆无以副世祖裕国足民之意。"[①] 他在隐忍中物色自己所需要的理财能手，等待时机改组中书。他眼看真金的所作所为越来越偏离了他所致力的保守路线，力图回复到至元初在汉人儒臣们襄赞下的改制局面，而且打算在改革的道路上走得更远——议行科举。这就使忽必烈不可能再予容忍，于是立即采取了彻底改组中书省的断然措施。

早在 1284 年 3 月，先因昔里吉叛乱而被俘，分别拘留在钦察汗国与海都处的皇子那木罕和安童，先后被

---

① 《元史》卷 205《卢世荣传》。

217

遣送回元朝。这年 11 月，忽必烈下令改组中书省，和礼霍孙、麦术丁、张雄飞、温迪罕等尽被罢职，改任安童为右丞相，前江西榷茶运使卢世荣为右丞，史枢为左丞，不鲁迷失海牙、撒的迷失并为参政。

卢世荣是大名商人，阿合马专政时，通过贿买为江西榷茶运使，1280 年创立门摊食茶课程，四年之后，累增至征课二万八千锭[①]。后因罪罢职。这时，桑哥深得忽必烈的信任。卢世荣又夤缘桑哥，引荐给忽必烈，称他有才术，能救钞法，增课额，上可以裕国，下不损民。忽必烈特加召见，奏对之间，大为欣赏。1284 年11 月 28 日，由忽必烈亲自主持，召集和礼霍孙等诸省官与卢世荣在御前廷辩。能言博辩的卢世荣取得了胜利。忽必烈当即改组中书省，任用卢世荣进行试验；并因卢世荣的推荐，改任安童等人，组成新政府。卢世荣是以申言能在短期内迅速稳定钞法，大量增加税入而博得忽必烈的青睐的。他上任的第二天，便请于忽必烈："阿合马专政时所用大小官员，例皆奏罢，其间岂无通才？宜择可用者仍之。"[②] 得到忽必烈的批准。于是一

---

① 《元典章·户部八·茶课·恢办茶课》。
② 《元史》卷 13《世祖纪十》。

批阿合马党人又重被起用。刑部尚书崔彧奏攻卢世荣不可任相职，受到罢职处分。

卢世荣声称："我立法治财，视常岁当倍增，而民不扰也。"他的主张或措施究竟有些什么内容呢？

综括来看，卢世荣理财的主要办法是增加课税。他提议在泉州、杭州设置市舶都转运司，由官府造船给本，令人商贩，按七三的比例分取利益；禁止私人泛海经商。设立诸路常平盐铁坑冶都转运司，禁止权势之家霸占铁矿，改由官府立炉鼓铸，造器具发卖；又于诸路设常平盐局，平价售盐。然后将鼓铸与常平盐两者所获的赢利，收籴粟米，储蓄起来，等到贵时粜出。他认为这样"必能使物价恒贱，而获厚利"。又令于各路立平准周急库，以低利贷钱给人民。他还建议在上都等路设群牧都转运司，以官钱买币帛于北方易羊马，选蒙古人牧养，收其皮毛筋角酥酪等，其中的八成交官，余下的二成归牧者所有。马以充军用，羊以给赐予。还令在全国州郡城市立市易司，管领牙侩。商人物货，四十税一，所得税款四分以予牙侩，六分留为官俸。随后又请立规措所，秩五品，经营钱谷，所用官吏以善贾者担任，不限白身人（一般百姓）。接着又设立真定、济南、太原、甘肃、江西、江淮、湖广等处宣慰司兼都转运使司，以治课程，并创立条制。令江浙、湖广、龙兴等处行省长官要束木等专领课程事。立江西、江淮、湖广造船提举司。禁京师豪富酿酒酤卖，而收归官营；以地方酒课多有欺盗，于是责各地方官增旧课20倍，有不如数者，重加罪罚。有个名宣德的人，卢世荣奏以为浙西道宣慰使。忽必烈说："宣德，人多言其恶。"卢世荣回答说："彼入状中书，能岁办钞七十五万锭，是以令往。"①忽必烈也便允其所奏。

在多方征取课税的同时，卢世荣也奏准忽必烈，推行某些减免赋役、惠民生计的措施：怀孟诸路竹货，从民货卖收税，罢各处竹监；江湖鱼课，已有定例，今后听民采用，不许妄行拘禁；站户负担沉重，今后除驿马之外，其他来往使臣的饮食诸项，均改由官府支给。又请忽必烈颁诏天下：免民间包银三年；官吏俸给免民间带纳；免大都地税；江淮民失业贫困，鬻妻子以自给者，所在官为收赎；逃移复业者，免其差税；乡民造醋者免收课；江南田主收佃客租课，减免一分。

<hr />

① 《元史》卷205《卢世荣传》。

此外，为挽救钞法，卢世荣一反和礼霍孙的办法，提出听任民间使用金银交易，并下令大括天下铜钱，计划铸造至元钱和另外发行一种绫券，与交钞相参行用。

卢世荣的这些措施除征税外，大概都没有来得及着手实行。他的改革主要着眼于手工业及商业流通过程中的营运敛括，而且多借官营的形式，以进行垄断。这种作法，对于商业与手工业的发展，不可能是积极的推进。取消行用金银的禁令对于钞法而言实际上是加速其崩溃的自杀行为。减赋惠民的意见和希望自然是好的，但实际只是具文。从现存的材料和卢世荣当政时间过于短促的事实看，这些好心的主张充其量不过是一纸建议书而已。在实行征税中，他依靠的都是阿合马的党羽，刻薄苛取以邀功赏和营私贪暴的事当然是不可避免的。因此，即使他主观上想有所作为，效果也终归会适得其反，这是不难预测的。

汉人儒臣无论从传统的义利之辩或从对阿合马一伙的仇怨上，都与卢世荣处于水火不容的地步。他们联络倾向于自己的蒙古权贵如安童、玉昔帖木儿等，对卢世荣发起猛烈攻击。1285年4月，也就是卢世荣当政四个月多一点之后，由监察御史陈天祥发难，上疏痛劾卢世荣。其中除揭露卢世荣趋附阿合马和所谓的贪赃罪行外，又就其所行大肆攻击："计其任事以来，百有余日，验其事迹，备有显明。……始言能令钞法如旧，钞今愈虚；始言能令百物自贱，物今愈贵；始言课程增添三百万锭，不取于民而办，今却迫胁诸路官司增数包认；始言能令民快乐，凡今所为，无非败法扰民者。"①平心而论，陈天祥所举的罪状原不足以服人。要求卢世荣在百余天之内，便要在这些重大问题上做出成绩，这是违反常情的。陈天祥所代表的是长期以来与阿合马处于尖锐对立的汉人儒臣们的情绪。站在他们后面的还是皇太子真金。《元史·裕宗传》记载："右丞卢世荣以言利进，太子意深非之。尝曰：财非天降，安得岁取赢乎？恐生民膏血，竭于此也。岂惟害民，实国之大蠹。"在强大的反对势力下，卢世荣经罗织锻炼，论罪下狱。桑哥是支持卢世荣的，但"闻太子有言，讫箝口不敢救"。同月 20 日，忽必烈诏右丞相安童与诸老臣："议卢世荣所行，当罢者罢之，更者更之。其所用人实无罪者，朕自裁处。"②

---

① 《元史》卷 168《陈天祥传》。
② 《元史》卷 205《卢世荣传》。

222

三、真金之死

从 1282 年 3 月阿合马被杀到 1285 年 4 月卢世荣下台的三年里，中书省两经大变。从表面上看，它是汉人儒臣集团与阿合马党羽组成的色目官僚集团的相互倾轧，而在它们的后面，却或明或暗地分别隐现皇太子真金与忽必烈的身影。当时朝廷上民族矛盾是主要矛盾。此外又有三组矛盾交织在一起。它们是主张继续积极采行汉法与保守消极两种路线的矛盾；汉人儒臣与色目官员集团的矛盾；真金与忽必烈的矛盾。这三组矛盾都在不同程度上受民族矛盾所制约。忽必烈在改行汉法上从积极转为消极保守之后，便有意疏远、排斥汉人儒臣而亲任色目人阿合马一伙。真金则出于他的教养和实际政治利益，仍然主张继续采行汉法，亲近汉人儒臣。汉人儒臣与色目官员为争夺权位而互相排挤。不满于忽必烈在改行汉法上转入消极保守态度的汉人儒臣，由于在争夺中处于劣势，只好寄希望于真金。这样，朝廷上汉人儒臣与色目官僚集团之间斗争愈是尖锐，忽必烈父子之间的关系也就愈呈紧张。

就在卢世荣当政期间，南台御史上章，说忽必烈已年高，请禅位于皇太子，并建言皇后南必（长皇后察必在1281年正月病死，1283年正月纳南必为皇后，继守正宫）不宜干预外朝政事。真金知道这个情况后十分忧惧[①]。当时御史台中的汉人御史（定额为十六员）全部成了空缺，担任都事的尚文偷偷地把这份奏章隐匿下来。1285年春，阿合马余党答即古阿散煽动忽必烈说：海内财谷，省、院、台内外监守，上上下下，皆多有欺蠹，请大行钩考。忽必烈批准了这一建议，且敕令诸司，不得沮格。答即古阿散等乘势横行，上及省臣、御史，下至掾吏民庶，许多人都罹罪网，人情汹汹。他们已侦闻有这么一份促忽必烈禅位的奏章，便千方百计逼取，想以此构谗于忽必烈，倾陷真金。尚文知道这件事关系重大，请准于右丞相安童、御史大夫玉昔帖木儿，拒不付予。答即古阿散乃报告忽必烈，忽必烈大怒，敕大宗正薛彻干前往索取。真金忧惧不知所出，安童与玉昔帖木儿也束手无策。机智的尚文，从旧案中搜集到了

---

① 《元文类》卷68《平章致仕尚公神道碑》。《元史》（中华书局标点本）卷170《尚文传》："二十二年，除御史台都事、行台御史，上封言事"云云，标点有误，一若上封者即尚文。实际上应标作："二十二年，除御史台都事。行台御史上封言事"云云。

答即古阿散党羽们的数十条罪状，便请玉昔帖木儿亲往省中与安童商量应付的办法。尚文献策说：皇太子为天下本，如果秘章被揭发出来，将倾覆太子，动摇国本，祸不可言。为今之计，只有争取主动，变被告为原告，先发制人，追治他们的贪赃之罪，使他们噤不容喙，才有可能挽救。安童与玉昔帖木儿于是抢先以答即古阿散的罪状入奏。忽必烈怒气冲冲，指着他们二人说：你们难道便没有罪吗？安童奏说：臣等有罪，自不敢辞。但答即古阿散等人名列阿合马党簿，非慎洁之辈，他们的活动必荼害生灵，还是应该另选贤者为之长来领导钩考，以便解除纷扰。忽必烈才稍稍霁怒。接着这批党徒的赃赂罪被查明，10月，撤销了答即古阿散所领导的清查机关，钩考遂告停止。11月卢世荣被残酷处死。12月答即古阿散党人、阿合马妇翁蔡仲英以及李俣亦被处死。也就在同一天，因长期忧惧致病的皇太子真金也死去，年四十三岁。

真金既死，有影响的原金莲川藩府旧臣也几乎尽数凋亡，汉人儒臣在朝堂的势力已经削弱到再无力与色目官僚相抗衡的程度。

第十二章　暮年的政治

一、参用南士与依靠近侍

1285 年 6 月，原南宋的降官、中书左丞吕师夔乞假五月，回江州省亲。忽必烈批准了他的请求，并对安童说："此事汝蒙古人不知，朕左右复无汉人，可否皆自朕决。汝当尽心善治百姓，无使重困致乱，以为朕羞。"[①] 从左右无复汉人这句话里，我们可以约略窥知忽必烈对于汉人儒臣疏远的程度。

和有意疏远汉人儒臣的做法相反，忽必烈却开始强调参用南人（即原南宋所统治下的汉族人民）。1286 年 2 月翰林集贤直学士、南人程钜夫在受忽必烈接见

---

① 《元史》卷 13《世祖纪十》。

时，陈请遣使江南搜访遗逸；并建议御史台、按察司皆宜参用南北之人。忽必烈欣然接受，以谕御史大夫玉昔帖木儿。玉昔帖木儿以应付的态度回答说："当择贤者以闻。"忽必烈当即训斥说："汝汉人用事者，岂皆贤邪！"翌年，又任程钜夫为御史中丞。台臣以"钜夫南人，且年少"为由，提出异议。忽必烈大怒，说："汝未用南人，何以知南人不可用！自今省、部、台、院，必参用南人！"于是以程钜夫仍为集贤直学士，拜侍御史，行御史台事，持诏求贤于江南。旧例，书写诏令皆用蒙古国书，这次的求贤诏书特令以汉字书写。临行前，忽必烈密谕程钜夫必招致江南名士赵孟蔼、叶李二人前来。程钜夫因向忽必烈推荐赵孟頫、余恁、万一鹗、张伯淳、胡梦魁、曾希颜、孔洙、曾冲子、凌时中、包铸等20余人。这批人被征至大都，忽必烈擢拔他们分别担任台宪及文学之职。对于叶李，忽必烈尤示尊重。叶李在南宋为太学生时曾上书劾权臣贾似道权奸误国，忽必烈对于他的这一举动十分欣赏。叶李至大都后，忽必烈在披香殿召见。叶李向他历陈古帝王得失成败的事迹和原由，忽必烈很表赞许。当时，地方的儒学提举司使皆以冗职罢废，叶李乘机进言："今陛下混一区宇，偃武修文，可不作养人才，以弘治道？各道儒学提举及郡教授，实风化所系，不宜罢。请复立提举司，专提调学官，课诸生，讲明治道，而上其成才者于太学，以备录用。凡儒户徭役，乞一切蠲免。"这一请求也得到了忽必烈的批准。随即忽必烈便任命叶李为御史中丞兼商议中书省事，每罢朝，必召见论事，凡有军国大事，必问："曾与蛮子秀才（指叶李）商量否？"①

忽必烈在这个时候特别对南人儒士示以尊重，一方面的原因是要做出姿态，拉拢南人，借以安抚江南人民，平息当时正在汹涌上升的人民反抗情绪；另一方面也是出于一种抬高南人，使与汉人互相矛盾，以对北方汉人儒臣进行牵制与抑制。这样，不但因部分政务可以用南士来代替，从而削弱了北方儒臣在朝政中的作用，同时直接加剧南北方原已存在的矛盾，达到分裂汉族队伍，以利于稳定蒙古贵族统治的目的。

这一时期，忽必烈已进入垂暮之年，他中年时已患足疾，行动不便，年老力衰之后，更只能深居宫禁。

---

① 参见《元史》卷173《叶李传》；《辍耕录》卷26《五龙车》。

相臣常不得相见，开始通过年青的南必皇后奏事，出现了后宫预政的现象①。在皇帝倦勤、后宫预政的情况下，历史上的通例是随之必然出现宦官近侍乱政。元朝的宫廷近侍主要是怯薛人员。他们既给事内廷，又多供职外朝，活动范围当然远较前代的宦官大得多。例如忽必烈的亲信近侍贺胜，官职是上都留守兼本路总管、开平府尹，但他当时之所以显赫一时，主要还是因为他能接近皇帝。在控制不严的情况下，这种人窃权乱政是不可避免的。忽必烈的老耄深居使这一情况迅速恶化，从1283 年开始便已出现近侍为人求官，紊乱选法的现象。忽必烈本人这时也有意利用近侍充当自己的耳目②。从这以后，近侍乱政的情况愈演愈烈，终元一代，很少有所好转。

二、桑哥与尚书省的复设

桑哥，西域史料说他是畏兀儿人，藏文史料说是吐

---

① 《元史》卷114《后妃·南必皇后传》。
② 《元文类》卷24《丞相东平忠献王碑》载，安童奏："比觉圣意，欲倚近习为耳目者。"参考《元史》本传。

蕃人。他本是大浮图师的一个翻译①，早年师事胆巴国师，能通诸国语，充西蕃译史（翻译表章文字的吏员），得与忽必烈接近，而受到赏识。至元中，被任为总制院使，日见亲任。和礼霍孙任相时，中书省令一名官员卖油营利，桑哥却请自任其事。和礼霍孙不允，认为不应该由他来经办这类事务。桑哥不服，以至于当堂相殴。他扬言："与其使汉人侵盗，曷若与僧寺及官府营利息乎？"和礼霍孙只得屈从，以油万斤付予他经卖营息。其后，桑哥又为忽必烈引荐卢世荣，代和礼霍孙执政。大概是在1286年初，多年来苦于不能依穆斯林教俗宰杀食用羊的色目权贵巴哈丁、沙的、乌马儿、纳速剌丁灭里、忻都等以大量礼物行贿于桑哥，由他转奏忽必烈说："所有穆斯林商人均离此而去，穆斯林诸国之商人亦裹足不来，税收不足，珍贵之贡品不至，如此已七年矣！皆缘禁宰羊之故也。如能解禁，则商贾可至，税入可全矣！"忽必烈始下令解除了这项禁令②。从此，喇嘛教徒桑哥与穆斯林色目官僚的关系益密，桑哥且"讳言师事胆巴而背之"。桑哥的好言财利事正中忽必烈贪

① 《道园学古录》卷42《赵思恭神道碑》。
② 《成吉思汗的继承者》，第294页。

财嗜利的心理，忽必烈于是有意于大用。1286年7月，忽必烈且委令任总制院使的桑哥草拟中书省臣的任命名单，足见其倚重已完全超出于一般程度。翌年闰2月，忽必烈决定复设尚书省，以桑哥、铁木儿任尚书平章政事，阿鲁浑撒里为尚书右丞，叶李为尚书左丞，马绍、忻都为尚书参知政事。改行中书省为行尚书省，六部为尚书六部。11月，桑哥升任尚书右丞相兼总制院使，领功德使司事。次年，总制院改名为宣政院，仍由桑哥兼领。1289年闰10月，中书省保留的对任命的官吏颁发宣敕的权力也并归尚书省，政府的权力尽操在桑哥手中。

桑哥的活动主要有以下几个方面。

改行钞法。滥发交钞的结果，物重钞轻，钞法已濒于危机。桑哥上台后，首先便着手钞法改革。1287年3月，造至元宝钞颁行天下。自二贯至五文共十一等，与中统交钞同时通行，每至元钞一贯文当中统钞五贯文，"子母相权，要在新者无冗，旧者无废"①。依中统初制度，随路设立官库，贸易金银。凡政府岁赐、赈济、饷军皆以中统钞为准。朝廷的原意是通过回收的方式，行

---

① 《元史》卷14《世祖纪十一》。

之以渐，尽收中统钞。故在 1288 年正月毁中统钞板；令天下盐课以中统、至元钞相半输官。1289 年闰 10 月，桑哥奏言："今中统钞尚未可急敛，宜令税赋并输至元钞，商贩有中统料钞，听易至元钞以行，然后中统钞可尽。"但终元一代，中统钞始终行用不废。至元钞样是由叶李所设计的。叶李在南宋时曾将此图样呈进，请以代关子，没有被采纳。这次他改换了年号复进献忽必烈，大为忽必烈所欣赏①。

打击异己。桑哥当政后，即奉旨钩考中书省。他穷加检核，共校出亏欠钞 4 770 锭，昏钞 1 345 锭。中书省官员中，凡是为桑哥所不满者，均被罗织而被迫引伏。参政杨居宽认为自己分掌的是铨选，钱谷收支不是他掌管，故提出辩解。桑哥令左右以拳击其面部，斥责说："既典选事，难道就没有过黜陟失当的事么？"最后杨居宽也不得已承认有罪。参政郭佑，被栽上的罪名是："多所通负，尸位不言，以疾为托。"桑哥对他大加殴辱，责以"中书之务，隳惰如此，汝力不能及，何不告之蒙古大臣"？②杨居宽和郭祐终于被论罪，在 1287

① 《辍耕录》卷 19《至元钞样》。
② 《元史》卷 205《桑哥传》。

年10月被处死。其他如平章麦术丁、参议王巨济等都引罪款伏；王巨济从此转投于桑哥之门。桑哥悍然杀死杨、郭，其中固然有树威胁众的原因，但深入一步分析，我们仍然可以窥见长期以来汉人儒臣与色目官僚激烈倾轧的刀光剑影。杨与郭都是宋衢向皇太子真金推荐的汉人儒臣。真金死后，金莲川幕府旧臣只有董文用硕果仅存，杨、郭诸人，被超迁入长中书，地位最重要，无疑已成为同时期汉人儒臣的代表人物。桑哥当政，"倖进者入贿其家，或籍其一言，以为事从中（指皇帝）下，必中书官之者，月无虚旬"。身典铨选的杨居宽，每加裁撤；有不得已如所请者，便把其人的情况详加记录，以为它日之查考①。因而大大激怒桑哥，必置之死地而后已。杨居宽、郭祐无罪被杀，固然说明桑哥之豪横，同时也表明汉人官僚集团已十分虚弱，完全无力与色目官僚集团相抗衡。

征理钱谷。中书省之外，桑哥又在1283年9月奏准设置征理司，专理追查财谷，秩正三品，凡仓库诸司，无不钩考。以甘肃等处行尚书省参政秃烈羊呵、签

① 《牧庵集》卷28《唐州知州杨君墓志铭》。

省吴诚并为征理使。10月，又以省、院、台官忻都等12人理算江淮、江西、福建、四川、甘肃、安西六省钱谷；湖广则专委于他的一名死党要束木。实行的结果，天下钱谷，已征者数百万，未征者尚数千万，形成天下骚然，民不聊生，所在囹圄皆满，道路侧目的黑暗局面。忻都、纳速纳丁灭里、王巨济在江南，恣为不法，"民嫁妻卖女，殃及亲邻。维扬、钱唐，受祸最惨，无辜死者五百余人"①。此外，桑哥又大增商税和其他课程。1289年腹里（属中书省所直辖的今河北、山西及山东之地）商税增为20万锭，江南为25万锭。茶每引由五贯增税为十一贯。又创置浙东、江东、江西、湖广、福建木绵提举司，责民岁输木绵十万匹。还开始在江南调查户口、清理田籍，以加强剥削。

行泉府司的建立与会通河的开凿。1286年12月，鉴于海运已初见成效，朝廷任朱清、张瑄并为海道运粮万户。桑哥主尚书省后，始立行泉府司，专掌海运，并增置上海、福州二万户府，总计共四万户府。海运粮的数字从1287年的30万石激增至1290年的159万5 000

---

① 《元史纪事本末》卷7《阿合马桑庐之奸》。

石。1288 年 10 月，桑哥又请自安民山至临清开凿运河。他估计开成全长为 265 里的运河，需工 300 万，约费钞三万锭，米四万石，盐五万斤。这笔数字约略相当于长年被征集在这一带的陆运人伕 13 000 户每年所应缴纳的赋额，外加上陆运中的刍粟开支，而运河通则创开万世之利。忽必烈批准了桑哥的"今春备粮费，来春浚之"的计划。翌年 7 月，大功告成，这就是有名的会通河。实行海运与开凿会通河，在主观上固然出于加大对江南地区征刮的需要，但客观上却有利于南北经济的交流和发展。桑哥在这一点上的作用，也是不应抹煞的。

在忽必烈的宠幸下，桑哥的豪横达到了远超出阿合马的程度。一批佞幸之徒，提议为桑哥立碑歌功颂德。忽必烈听了，便说："民欲立则立之。仍以告桑哥，使其喜也。"于是命翰林学士阎复撰《王公辅政之碑》，立石于尚书省之前。桑哥公然鬻官卖爵，"贵价入，则当刑者脱，求爵者得，纲纪大坏，人心骇愕"。[①]一些蒙古贵族近侍也对他的过分横豪深表不满，纷纷向忽必烈告发。一天，忽必烈向桑哥索求珍珠数颗，桑哥以无珠

---

① 《元史》卷 205《桑哥传》。

回绝。上都留守木八刺沙方有宠于忽必烈，亦不满桑哥之横，因奏忽必烈说："桑哥家珍珠盈驮，我曾亲见之。"经过搜查，果然是珍宝无数，忽必烈始决意将桑哥论罪①。1291年2月谕御史大夫玉昔帖木儿论桑哥沮抑台纲、棰监察御史诸罪，籍其家赀，毁辅政碑。7月，桑哥被处死。妻党要束木，为虐于湖广；妻弟八吉由，为燕南宣慰使，以受赂积赃，皆伏诛。中书省臣麦术丁、崔彧上言："桑哥当国四年，诸臣多以贿进，亲旧皆授要官，唯以欺蔽九重，朘削百姓为事。宜令两省严加考核，并除名为民。"忽必烈表面上虽表示接受，但实际上对桑哥党羽，仍竭力保护。11月，监察御史上言说：沙不丁、纳速剌丁灭里、乌马儿、王巨济、琏真加、沙的、教化的等人，皆桑哥党与，贪贿肆虐，使江淮之民愁怨载路。而今却或系狱，或竟开释，臣下们都对此很有意见。忽必烈聊示敷衍说："桑哥已诛，纳速剌丁灭里在狱，唯沙不丁朕姑释之耳！"②翌年3月，纳速剌丁灭里获释，他的党徒们群聚迎接，簇拥而回。道逢怯里宝儿赤（御膳官），纳速剌丁在熙攘中不及为礼，

---

① 《成吉思汗的继承者》，第296页。

② 《元史》卷16《世祖纪十三》。

傲然而过。怯里大怒，谗构于忽必烈前，忽必烈乃复将纳速剌丁灭里逮捕，以贪赃罪处死。忻都亦在不忽木的力请下被处死。王巨济并无赃贿，但忽必烈也以他与忻都同恶，一并处死。其余则予释免。

三、完泽任相与皇位继承人之选定

1291 年 5 月，忽必烈撤销了尚书省，中央政务仍归中书，任完泽为中书右丞相，麦术丁、不忽木为平章政事，何荣祖中书右丞，马绍中书左丞，贺胜、高觽参知中书政事。完泽很早便充任真金燕王府的僚属。1282年，朝廷设皇太子詹事府，完泽与赛羊分任右、左詹事。完泽"入参谋议，出掌环卫，小心慎密，太子甚器重之"①，受命典东宫卫兵。真金死后，完泽常从真金之子铁穆耳总兵漠北。桑哥倒台后，忽必烈以宰相人选征求不忽木等的意见，不忽木等力荐完泽。完泽在阿合马遍赂近臣时，独无沾染，又尝言桑哥必败国事，但识虑平庸。所以，忽必烈虽同意任其为右丞相，却认为"非

---

① 《元史》卷130《完泽传》。

卿（指不忽木）无以任吾事"，而以不忽木为平章政事。不忽木是许衡的高弟子，新一代的蒙古、色目儒士。从这一份宰执的名单里，我们可以看出来，这时的中央行政权力的天平上，汉人儒臣与真金的一派，又暂时压过了色目官僚。南人官员中，叶李罪涉妄举桑哥，许多人乘机攻击，被迫罢相南还；赵孟頫出知济南路总管府事。《元史·贡师泰传》说："自世祖以后，省、台之职，南人斥不用。"其实这种情况便是从这时候造成的。

从阿合马到桑哥，都把理算（或称钩考）当成搜刮财物、打击异己的工具，因此它已成为导致政治上不安定的重要因素，官员们纷纷对此表示不满。1291年12月，御史台臣奏："钩考钱谷，自中统初至今余三十年，更阿合马、桑哥当国，设法已极，而其余党公取贿赂，民不堪命，不如罢之。"忽必烈勉从舆请，诏"罢钩考钱谷，应昔年逋负钱谷文券，聚置一室，非朕命而视之者有罪"①。这以后，元朝政府虽仍有钩考之举，但其规模与弊害已大为减小。为了改变律令繁苛、奉行混乱的情况，1291年5月，中书右丞何荣祖取公规、治

---

① 《元史》卷16《世祖纪十三》。

民、御盗、理财等十事辑为一书，名为《至元新格》，刻版颁行，使百司有所遵守。1292年10月，诏麦术丁、何荣祖等沙汰内外冗滥官府及人员，省并内外官府255所，裁去官吏699员。然而，这时的元朝，已经开始走向下坡，某些致命的弊病，已症候初见。其主要表现是：（一）国库空虚。1292年10月完泽奏："一岁天下所入，凡二百九十七万八千三百五锭，今岁已办者才一百八十九万三千九百九十三锭，其中有未至京师而在道者，有就给军旅及织造物料、馆传、俸禄者。自春至今，凡出三百六十三万八千五百四十三锭，出数已逾入数六十六万二百三十八锭。"[①] 为了弥补赤字，在1291年就已开始动支钞本。（二）选举混乱。1293年2月，中书省臣奏："侍臣传旨予官者，先后七十人。"忽必烈回答说："率非朕言。凡来奏者朕只令谕卿等，可用与否，卿等自处之。"[②] 桑哥当政时期，已开输财鬻官和实行所谓遥授的制度（授予空头官衔），所有这些弊病，在忽必烈以后都继续恶性发展，成为元王朝败亡的不治毒瘤。

---

① 《元史》卷17《世祖纪十四》。
② 《元史》卷17《世祖纪十四》。

真金死后，皇太子的位置长期虚悬，忽必烈迟迟没有做出决定。忽必烈正后察必生四子，长朵儿只，早卒；真金以次居长；三子忙哥剌，1273 年封安西王，翌年益封秦王，镇关中，1278 年死；幼那木罕。《史集》载："先时，当那木罕尚未为海都军所执时，（合罕）曾有言，欲以彼为继承人，此希望曾存于合罕之心。"① 我们虽然在汉文史籍中找不见忽必烈在 1276 年前有择那木罕为继承人的记载，但从蒙古人的习惯法来看，正妻的幼子本拥有无可辩驳的继承权。忽必烈曾封真金为皇太子，而又属意立那木罕，这与旧来蒙古大汗习惯上多可以指定两人为汗位候选人的作法并不矛盾。那木罕被释来归后，真金的继承人位置已趋稳固，那木罕见了十分不满，曾对忽必烈说："'彼若为合罕，不知彼等将称陛下云何？'合罕怒，斥而逐去之，不使（那木罕）入见于彼之前。"忽必烈把那木罕封为北安王，派他总兵于漠北成吉思汗大斡耳朵之地。这是一个拥有很大权势的职位。真金死后，那木罕觊觎继位之心是完全可以想见的。他曾遣使祭祠岳渎（五岳山神和河神），这是一

---

① 《成吉思汗的继承者》，第 299 页。

种僭越礼分的行为^①，正暴露了那木罕的野心所在。但是，很可能因为那木罕有被俘囚系的不光彩历史，难孚人望，所以最终忽必烈摒弃了选他为皇位继承者的打算。

这时真金的寡妻阔阔真（又名伯蓝也怯赤）也在为保有皇位继承权而积极活动。阔阔真"性孝谨，善事中宫，世祖每称之为贤德媳妇"，极得忽必烈的宠爱，"言听计从"。^②阔阔真生子甘麻剌、答剌麻八剌和铁穆耳，其中答剌麻八剌在1293年春死去。由于阔阔真的活动，忽必烈经过数年在继位问题上保持沉默之后，逐渐开始采取措施，以确保继承问题能安然解决。1291年任皇太子詹事完泽任右丞相。翌年，封甘麻剌为晋王，以代北安王那木罕总军漠北。那木罕从此失势。^③1293年6月，以皇太子宝授皇孙铁穆耳，确定了铁穆耳的继承地位。在促成忽必烈将皇太子宝授予铁穆耳这一行动中，赛典赤之子伯颜起过重要的作用，故在同年11月，伯

① 《元名臣事略》卷132《丞相东平忠宪王传》引野斋李公《文集》。
② 《元史》卷116《裕宗后伯蓝也怯赤传》。
③ 屠寄《蒙兀儿史记》卷76《泰定帝纪》谓那木罕1292年死，实误。据《元史·诸王表》那木罕死于1301年。

颜由河南、江北行省平章超擢为中书省的首平章（即平章政事中居首位者），位在不忽木等之上。从此，朝廷上又暂时恢复了色目官僚与汉人儒臣两派相拮抗、势均力敌的形势。但到成宗大德以后，以伯颜为首的色目官僚的势力浸浸上升，成为朝中压倒一切的力量。

第十三章　对外侵略与人民的
反抗斗争

一、黩武侵略的失败

早期的蒙古部族首领们，结为联盟，推举联盟的首领——汗，臣属与汗立盟宣誓。臣属的义务是接受调遣，服从命令；汗的义务则保证领导他们进行征服和掠夺，取得胜利，使能够满足首领们对增加属民、土地和财货的贪欲。蒙古国时期的大汗都是把征服与掠夺当成自己的职责和追求的。因此，他们赋有黩武侵掠的性格。这种性格在忽必烈身上也仍然可以看到，他在位时期，除去灭亡南宋与北御海都、笃哇外，还一再对周邻诸国发动侵略战争。

控制高丽　早从成吉思汗以来，蒙古统治者就连续四次入侵高丽，迫使高丽国王王皞请和。蒙哥时期，高丽王子王倎（后改名禃）被迫入觐，被长期拘留不遣。忽必烈即位后，从廉希宪建议，遣兵卫送王倎返国即位，企图就此稳定对高丽的统治，并使之"籍编民，出师旅，输粮饷，助军储"和完成驿站的设置。高丽人民不堪蒙古统治者的压迫，积极反抗，由蒙古所扶植的王禃，地位很不稳定。1269年，权臣王衍废王禃而另立王禃的弟弟王淐，忽必烈又一次遣头辇哥国王等率兵入侵，借武力扶植王禃复位，并以脱朵儿为其国达鲁花赤。三别抄军首领裴仲孙等立王禃庶族承化侯王温为王，迁至珍岛，继续抵抗。1271年，元军史枢、忻都及洪茶丘分道攻珍岛，斩承化侯。三别抄军余部金通精突围走耽罗，继续抗战。1273年，元军入海拔耽罗城，扑灭了这次反抗。1274年，忽必烈为了加强控制，允许将皇女忽都鲁揭里迷失下嫁于世子王愖。王禃随即死去，忽必烈诏愖袭爵为高丽国王。为了入侵日本，忽必烈强使高丽签军5 600人，大造海船，以助征进。1275年，忽必烈遣使谕王愖（后改名为眶）改官职名号，征衣冠子弟20人入质。高丽人民不堪凌辱，1277年，侍中金方庆复谋反抗，失败。1283年，忽必烈为了第三

244

次发动侵日战争，设置了征东行中书省，以王睊与阿塔海共领省事。据《高丽史》记载："是时，驿骑络绎，庶务烦剧，期限急迫，疾如雷电，民甚苦之。"因此，元朝在高丽的统治始终是不稳定的。

侵日本 早在1266年，忽必烈便派遣使者往通日本，使者中道因故折还，未能成功。接着忽必烈又连续遣使前往，日本统治者满怀疑惧，一一拒绝。野心勃勃的忽必烈，在1274年派遣驻高丽的经略使忻都和洪茶丘以舟师300艘、士卒15 000人越海入侵日本。元军在日本登陆后，军纪败坏，行阵不整，唯事抢掠，因后援不继，只好撤回。在合浦遇到大风雨，海船触崖沉没，损失甚巨。

南宋既平之后，忽必烈又决心大举侵日。1280年，元军分两路出发，洪茶丘、忻都率蒙古、汉、高丽军40 000，从高丽渡海；阿塔海、范文虎、李庭率舟师9 000艘，自庆元、定海放帆，相约在6月半前会师于壹歧岛与平壶岛。7月，军至平壶岛，移军九龙山，突然遇到罕见的飓风，海船被高高卷起，互相碰撞，船碎人溺，仅高丽船构造坚实，得以保存。在危急的关头，范文虎等高级将领们争先择好船逃命。十余万军士被遗弃海岛上，只好自动组织起来，准备伐木作舟逃还。七天以后，日军来攻，元军大部分战死，余二三万都被俘为奴。元军遭到了覆灭性的惨败。忽必烈不甘心失败，又在 1283 年在江南大造海船，发五卫军二万，拟第三次再侵日本。但最后因人民反抗四起，不得已，被迫下诏罢征日本。

侵安南　忽必烈征云南时，留兀良哈台抚定诸部，并进一步入侵安南，破其王都。安南国王陈日煚亡避海岛。因天气炎热，难以久留，兀良哈台退兵。1260 年，忽必烈遣使招谕安南国王陈光昺，陈光昺称臣入贡，受封为安南国王。忽必烈续遣使者，以君长亲朝、子弟入质、编民数、出军役、输纳税赋、置达鲁花赤六事相逼。陈光昺不堪接受，复不敢公开拒绝，始终持若即若离的态度。1277 年陈光昺死，子陈日烜即位。忽必烈数遣使征其入朝，陈日烜托故推辞。1281 年忽必烈以陈日烜不恭顺，悍然改立当时充使者来大都入觐的陈遗爱（日烜叔）为安南国王。1284 年镇南王脱欢统军远侵占城，要求假道安南，并勒征粮饷，以供军食，实则怀假虞灭虢之心，谋以此征服安南。陈日烜婉词拒绝，整军为备。1285 年，脱欢军渡富良江，陷天长府。这

246

时安南援军大集，元军中疾疫流行，死亡甚众，只好退兵。安南兵乘机进袭，元将李恒中毒箭身死，唆都亦兵败被杀。

恼羞成怒的忽必烈决定在1286年大举报复。但当时因连年对日本、占城用兵，无力并举，而暂时中止。1287年，他又迫不及待地命令脱欢三道并进。脱欢率东道由女儿关进，程鹏飞率西道入永平，乌马儿、樊楫则将舟师由海道往。元大军长驱直入，陈日烜复亡走入海，人民坚壁清野。其时元朝粮饷已尽，而由海道前往的运粮船又在绿水洋受到安南军的邀击，无法得到；且天时转热，无法久留，只能撤还。安南军截断元军退路，脱欢间道逃回思明州，樊楫战死。忽必烈听到失败的消息，恼怒非常，责令脱欢改镇扬州，终身不许入见。1292年，忽必烈复仇黩武之心不死，又令刘国杰与诸王亦吉里斛水陆分进往征安南，会忽必烈死，才取消了这次远征。

侵缅国　1271年，忽必烈遣使招谕缅王，缅王杀使者。1277年，缅王进犯已内附的干额总管阿禾，元将信苴日等率军抗击，以少胜多，大败缅军象队。1283年忽必烈发军入侵缅国，陷江头城，迫使缅王纳款请和。1287年缅国内乱，并杀死了元朝所任命的官员，忽必烈遣脱满答儿为都元帅，再次侵缅，结果，失利而退。缅王接着亦遣使谢罪请和，相约三年一贡。

侵占城 占城在1278年内附，元封之为占城郡王。1280年元于其地设立行省。由于占城王子补的扣押了元派往暹国和马八儿的使者，忽必烈乃令唆都率海船远征，在1283年正月入侵占城。占城国王凭险抵抗，唆都进攻失败，无功而还。1284年，忽必烈又命脱欢假道安南，再侵占城，因为安南所阻而不得实现。

侵爪哇 1292年，忽必烈命史弼、高兴与亦黑迷失越海侵爪哇。元军助爪哇国王之婿土罕必阇耶战败葛郎国后，土罕必阇耶乘元军无备，进行袭击。元军死伤沉重，狼狈撤归泉州。

二、风起云涌的人民反抗斗争

从1283年至1293年的11年间，江南，特别是沿海地区，人民反抗斗争如潮汹起。1283年5月，崔彧奏："江南盗贼，相继而起。"1289年2月，玉昔帖木儿奏："江南盗贼，凡四百余处。"推其所以发生的原因，主要有以下两个方面。

第一是对江南地区的征刮不断加重。到 1287 年时，江南茶盐酒醋等税已较南宋灭亡初增十倍以上。物价上涨百分之八十。到 1285 年底止，钱粮八经理算。1290 年，朝廷议迁江南富户及亡宋宗族赴北方，江淮行省上言：江南之民，方患增课、料民、括马之苦，故人心浮动，请渐缓执行。翌年 12 月，中书省复提出：江南在宋时，差徭为名七十有余，归附后一切未征，可令江南依宋时诸名征赋尽输之。从这些资料里，我们便可以窥知当时元朝政府对江南的征括正增添无已，百姓的负担已大为加重。被派到江南的官吏又多非其人，"半为贩缯屠狗之徒"，江淮行省的省臣中竟无通文墨者[①]。官吏贪赃枉法，甚至公行劫掠。这些都更加重了人民的苦痛，促使社会矛盾激化。

第二是发动无休止的对外侵略战争，江南人民因此而付出了沉重的代价。1283 年崔彧上疏请停止侵日本之役，其中指出："江南盗贼，相挺而起，凡二百余所，皆由拘刷水手与造海船，民不聊生，激而成变。"[②] 以造

① 《元史》卷 173《崔斌传》。
② 《元史》卷 173《崔彧传》。

船为例，政府根本不考虑地方物产的有无，而但据户计敷派，所役丁夫，往往远从五六百里外征来，辛苦万状，冻死、病死者不计其数。某些物料，本土产所无，在官司的督责下，民户窘急，值一钱的东西往往花一两买纳。而造成的船只，"并系仓卒应办，原不牢固，随手破坏"①。占城之役，被强行驱迫的战士、民伕，"以深蹈死地，忿怨无施，所经城市，肆行剽夺。濒道居民，十室九空，六糇绝种"②。由此可见，忽必烈所发动的对外侵略战争，不单对周邻的友好国家造成了破坏，而且对本国人民也同样带来了灾难，因而迫使人民起而反抗。下面，就1283年到忽必烈死去为止的11年间人民的反抗斗争加以简单的胪列。

1283年（至元二十年）

3月，广州新会县林桂方、赵良钤起义，建罗平国，称年号延康。

5月，崔彧奏："江南盗贼，相继而起。"

7月，设铺军捕淮西的反抗者。

9月，广东黎德区聚众十万，改元建号；增城蔡大

---

① 《雪楼文集》卷10《江南和买物件及造作官船等事》。
② 《牧庵集》卷17《颍州万户邸公神道碑》。

老、钟大老、唐大老据平康下里东团村等处响应，政府遣兵万人讨之。

10月，福建建宁路管军总管黄华复反，众几十万，号头陀军，称宋祥兴年号，围建宁府。

12月，云南施州子童反。

1284年（至元二十一年）

2月，邕州、宾州黄大成反，梧州、韶州、衡州、宝庆、武岗、瑞州、漳州民反。

5月，河间任丘民李移住反。

1285年（至元二十二年）

2月，广东宣慰使月的迷失讨平潮、惠二州郭逢贵等四十五寨，降民万余户。

1286年（至元二十三年）

8月，婺州永康民陈巽四反。

婺州施再十反；湖南李万二反；饶州安仁蔡福一反；浙东盗起，铸印玺，号天降大王。

1287年（至元二十四年）

11月，"诏议弭盗"。桑哥、玉昔帖木儿言："江南归附十年，盗贼迄今未靖。"以江西行省平章忽都帖木儿督捕广东等处反抗者，获福建张治团。"谕江南四省招捕盗贼"。

处州詹老鸥、温州林雄平、徽州汪千十反；广东邓太獠、刘太獠攻肇庆；赣州、汀州民反。

1288 年（至元二十五年）

3 月，循州义军万余，攻漳浦；泉州义军二千攻长泰、汀、赣等州；畲众千余攻龙溪。

4 月，广东董贤举等反，攻吉、赣、瑞、抚、龙兴、南安、韶、雄、汀诸州，官军连岁镇压，皆无效。

6 月，处州柳世英反，攻丽水、青田等县。

7 月，南安、瑞、赣等处连岁反抗蜂起；广东反抗蜂起。

10 月，大同李伯祥、苏永福谋逆；官军破萧太獠于江西。

11 月，柳州黄德清反；潮州蔡猛等反。

湖南詹一子聚众四望山，官军久不能讨。

1289 年（至元二十六年）

正月，江西钟明亮反，有众八万；畲民丘大老聚众千人攻长泰县。

2 月，玉昔帖木儿言："江南盗贼，凡四百余处。"

3 月，台州杨镇龙反，建大兴国，有众十二万。

7月，信州鲍惠日以谋反被杀。

闰10月，钟明亮受招抚后复反；江罗等以众八千攻漳州，韶、雄等路二十余处响应；婺州叶万五以万人攻武义县。

11月，漳州陈机察率众八千攻龙岩，与枫林的反抗者合兵；黄华弟福与陆广、马胜复谋叛被杀。

刘国杰讨义军于广东、江西、湖南等地。

1290年（至元二十七年）

2月，江西华大老、黄大老攻乐昌。

3月，建昌丘元集众千余攻南丰诸地；杨镇龙余部活动于浙东；太平县叶大五集众百余攻宁国。

5月，徽州胡发、饶必成被害；婺州、永康、处州之吕重二、杨元六等反；泉州南安陈七师反。

6月，杭州唐珍等被害。

7月，贵州猫蛮反；建平王静照谋反被害；芜湖徐汝安、孙惟俊遇害。

9月，福建省内反抗蜂起。

12月，兴化路仙游朱三十五集众攻青田。

1291年（至元二十八年）

6月，增兵二万镇压郴州、桂阳、宝庆、武冈之反

253

抗者。

7月，遣憨散总兵讨江南反抗者。

8月，谕招降思州叛蛮。

9月，因徽州绩溪反者未平，政府下令免田租。

1292年（至元二十九年）

正月，高兴言："江西、福建汀、漳诸处，连年盗起。"

闰6月，左江黄胜许聚众二万，据忠州。

7月，黎兵百户邓志愿叛。

1293年（至元三十年）

2月，以行枢密官明安答儿征西番。

12月，武平路达鲁花赤言：女真地至今未定。

人民的反抗斗争，不仅打击了蒙古统治者，迫使元廷在桑哥倒台之后，停止大行征刮的暴行，而且还有力地援助了受侵略的周邻国家。1283年，"广东盗起，遏绝占城粮运"。这无疑是促使唆都的军队在占城无功而还的重要原因。同年，忽必烈不顾臣僚谏阻，执意做第三次大规模侵略日本的打算，授刘国杰为征东行省左丞，练兵治械于淮阳。这时正巧福建黄华叛元起义，忽必烈只得把这支精锐的军队，转旆而南，前往镇压。侵日的计划竟成泡影。

为了扑灭人民的反抗，忽必烈加强了镇压措施。1285年2月下诏复改江淮、江西元帅招讨司为上、中、下三万户府，蒙古、汉人、新附诸军，相参作三十七翼。上万户计宿州、蕲县、真定、沂郯、益都、高邮、沿海共七翼。中万户计枣阳、十字路、邳州、邓州、杭州、怀州、孟州、真州共八翼。下万户计常州、镇江、颍州、庐州、亳州、安庆、江阴水军、益都新军、湖州、淮安、寿春、扬州、弩手、保甲、处州、上都新军、黄州、安丰、松江、镇江水军、建康共二十一翼。每翼设达鲁花赤、万户、副万户各一人，以隶所在行院。1290年，江淮行省又以浙东偏远，请以三万户戍之。以高邮、泰州二万户汉军戍皖南。又请于扬州、建康、镇江置七万户府、杭州置四万户府。并在原定十处沿江濒海要害处所外，另增十二处，分兵阅习，伺察盗贼。钱塘江口原备有战舰二十艘，加增为战舰百艘，海船二十艘。元朝又多次下诏严禁汉民挟弓矢或持有铁尺、手挝等器械，并尽收江南兵器，拘括汉民马匹，禁止汉民田猎及聚众赛会。但是，所有这些都无法阻止人民的反抗活动。反抗者们巧妙地利用官军在指挥上不统一的矛盾，转战在各省之间，使官军穷于应付。最后，迫使忽必烈改变办法，派遣大臣统一指挥，用重兵分道进剿。义军终以众寡不敌而被各个击灭。到1293年间，人民的反抗斗争已暂时陷入低潮。

第十四章　忽必烈其人

1294年正月二十二日（阳历2月19日）午夜，忽必烈在大都病死，得寿八十，在位共35年。遗体循蒙古国礼，殡殓于萧墙之帐殿。24日早发灵，由健德门北去，往葬漠北起辇谷祖陵。皇孙铁穆耳经忽里台选举嗣皇帝位，是为成宗。5月，上尊谥称圣德神功文武皇帝，庙号世祖；蒙语尊称薛禅皇帝（"薛禅"蒙语意为贤者）。

一、家庭及私人生活

《史集》谓忽必烈初生时，"成吉思汗见之，曰：'吾子孙肤色皆红，独此子褐黑，类其舅氏，使语唆鲁和帖尼别姬，宜付好乳母使育之。'"[1]所谓舅氏，指的

---

[1] 《成吉思汗的继承者》，第241页。

是唆鲁和帖尼所出的克烈部，克烈部一般认为属突厥种。马可波罗记他"不长不短，中等身材，筋肉四肢配置适宜，面上朱白分明，眼黑，鼻正"[①]。从中年时期起，忽必烈就病足，艰于行动，主要依靠乘舆，而以象拖挽。晚年健康情况很不好，这也是造成政治日坏的重要原因。

忽必烈的后妃甚多，按蒙古旧制，分属四个斡耳朵。掌大斡耳朵的正后察必，出弘吉剌部，"极美且媚，甚受宠爱"。1259年，当忽必烈奉蒙哥之命，南征鄂州时，察必留守在扎忽都之地。蒙哥死讯传来，留守漠北的阿里不哥积极图谋汗位，阿兰答儿乘传调兵，离开平城仅百余里。察必遣使责问阿兰答儿说："发兵大事，成吉思汗曾孙真金在此，何故不令知之？"接着，又得到脱里赤征兵于燕京的消息，察必于是遣使急告忽必烈，请速还军。这对忽必烈争夺帝位曾起过关键性的作用。所以在成宗的谥文中，特别提到她："曩事潜龙之邸，及承虎变之秋，鄂渚班师，洞识事机之会；上都践祚，殊多辅佐之谋。"《元史》也称赞她"性明敏，达

① 《马可波罗行纪》中册，第315页。

于事机，国家初政，左右匡正，当时与有力焉"。大都建成后，四怯薛官奏割京城外近地牧马，忽必烈已予批准，臣僚正画图呈进。察必看到图后，就假作责备在场的刘秉忠说：初定都之时，割地牧马则可，现军、站户皆分业已定，可以再夺回吗？你是汉人中的聪明者，皇帝对你言听计从，你为什么不谏劝呢？一席话使忽必烈听了默然作罢。身为皇后，察必始终保持勤俭作风。她亲率宫人利用旧弓弦缉绌成衣，把废置的羊臑皮缝成地毯，加以利用。蒙古帽子旧无前檐，在射箭时往往日光眩目，忽必烈深感不便，察必便在帽上面加上前檐。又创制比甲，"前有裳无衽，后长倍于前，亦无领袖，缀以两襻"[1]，以便于弓马驰射。对于被俘的南宋全太后等，她也宽仁相待，充分显示了蒙古妇女勤苦善良的性格。

忽必烈一共生了12个儿子。依次为：朵儿只，早卒；真金；忙哥剌，封安西王，镇关中；那木罕，封北安王，先镇阿力麻里，后改镇漠北（以上皆察必所生，他们的地位较其余诸子要高）；豁里台，火鲁黑臣可敦

---

① 《元史》卷114《世祖后察必传》。

（可敦意为后妃）所生；忽哥赤，封云南王，镇云南，朵儿伯真可敦所生；奥鲁赤，封西平王，镇吐蕃地，亦朵伯真可敦所生；爱牙赤，旭失真所生，镇兀剌海；阔阔出，封宁远王，镇西北，亦旭失真所生；忽都鲁帖木儿，早卒；脱欢，封镇南王，初镇湖广，改置扬州，巴牙兀真可敦所生；铁蔑赤，南必所生。忽必烈对于儿子们的教育与要求都是比较严格的。早在居潜藩时，他便简选汉人儒士姚枢、窦默、董文用、王恂、李德辉等或为诸子的教师，或充伴读。《史集》记载：云南王忽哥赤，"一日，彼于村中强取水禽，其数逾（彼之所需），合罕闻之，命责杖七十，皮肉俱裂"[1]。脱欢出征安南失败，他责令其改镇扬州，终身不许入觐。皇孙铁穆耳极嗜酒，他屡加教谕及责罚，且尝三次责打；并派遣侍臣监督其生活，"俾以节饮致戒"[2]。这些都表明，忽必烈对于皇子皇孙是很少姑息和溺爱的。

史家根据忽必烈先后任阿合马、卢世荣及桑哥理财搜括而批评他嗜利，这无疑是正确的。为满足蒙古宗亲

---

[1] 《成吉思汗的继承者》，第 244 页。

[2] 参考《成吉思汗的继承者》第 301 页及《元史》卷 134《迦鲁纳答思传》。

贵族的贪欲，他遵从窝阔台以来大汗奢豪的传统，大加横赐。对外侵略和西北的防御战争，使军费负担增加。有关佛道的土木、祈祝，他也是从不吝惜。这些支出数目浩大，他需要大量钱财来应付。至于宫廷的生活，除去两都的兴造务求壮丽（实际上是宣扬国威）外，忽必烈个人生活的自奉则毋宁说是比较俭薄的。王恽的奏疏中说："临御以来，躬行俭素，思复淳风，如轻纻衣而贵绅缯，去金饰而朴鞍履。至衣服等物销织镀呀之类，一切禁止。"① 他在宫廷中移种思俭草，也是要让子孙不忘祖宗时土阶茅次的淳朴作风。我们找不见有关他个人生活的具体材料，但通过以下两个例子，仍可以说明一些问题。察必皇后一次从太府监支取缯帛表里各一，忽必烈立即批评她说："此军国所需，非私家物，后何可得支？"② 察必从此也严格遵行，勤俭自持。又一次，真金有病，忽必烈前往探视，看见床上放有织金卧褥。他生气地对其媳阔阔真说：我总以为你贤淑，为什么奢华若此呢？阔阔真急忙跪地回答说：平时不敢施用。只因太子病，恐有湿气，才用它的。说罢，即时撤去。后妃

① 《秋涧先生大全文集》卷35《上世祖皇帝论政事书》。
② 《元史》卷114《世祖后察必传》。

之贵，一缯之微，但忽必烈都很严肃地对待。从这些来推论，他本人生活在一般帝王中算比较俭朴，大概是合乎实际的。

二、宗教信仰

像他的祖先们一样，忽必烈是萨满教的信仰者。他信仰无所不统、无所不能的天帝。他所发布的圣旨，仍像他的前辈一样，用"长生天气力里"这样神圣的语句来张大自己的权威。每年在上都举行的祭天、洒马奶等仪式，都遵循旧例隆重地举行。在大都宫廷中也保存不少所谓"国俗旧礼"。

1253 年，西藏喇嘛八思巴来到了忽必烈的潜邸，大得尊崇，忽必烈的诸妃与儿子都从八思巴秉受佛戒。忽必烈即位后，尊八思巴为国师，授以玉印。其后，八思巴因创制蒙古国字有功，升号为大宝法王，贵幸无比。忽必烈尊崇喇嘛教既是出于迷信，又是具有政治目的的。《元史·释老传》说："元起朔方，固已崇尚释教。及得西域，世祖以其地广而险远，民犷而好斗，思有以因其俗而柔其人，乃郡县土番之地，设官分职，而领之于帝师。乃立宣政院，其为使位居第二者，必以僧为之，出帝师所辟举；而总其政于内外者，帅臣以下，亦必僧俗并用而军民通摄。于是帝师之命，与诏敕并行于西土。"当时西藏喇嘛教宗派纷出，帝师利用元廷的权威而确立其僧俗并控的统治体系；元廷亦通过帝师而稳定对吐蕃的控制。从总的方面来说，忽必烈的这一作法是达到了牢固控制吐蕃的目的的，但对喇嘛教的过分尊崇也给自己带来了极大的消极效果。元廷佞佛，每帝将立，必向帝师受戒七次，始正位大宝。后妃公主在受戒时都向帝师顶礼膜拜。每正衙朝会，文武百官班立，帝师独专席隅坐。这些制度都是在忽必烈时成形的。1270年，忽必烈又用八思巴言，置白伞盖于大明殿，每年2月15日举行迎伞盖仪式；6月，复在上都举行。仗卫之侈，前所未有。每年宫内佛事多达百余次。写藏经一部，用金达3 200余两。其他土木构建，田产赐予，都极其豪奢，不稍吝惜。僧徒与道、伊斯兰、基督教徒们都循祖宗旧制被赐予免征差发的特权。一次，阿合马以天下僧尼颇滥，请加沙汰，唯精通佛法者允许为僧，其余则迫令返俗。喇嘛僧胆巴听了便向忽必烈说：多人祝寿好呢，还是多人生怒好？忽必烈回答说：

当然是多人祝寿好。阿合马沙汰僧徒的建议因此不得通过。

对于喇嘛教以外的其他宗教，如道教中的正一、真大、太一诸派，以及伊斯兰教、基督教、犹太教等，忽必烈和他的前辈一样，基本上采兼容并奉的态度。他曾宣称："全世界所崇奉之预言人有四：基督教徒谓其天主是耶苏基督，回教徒谓是摩诃末，犹太教徒谓是摩西，偶像教徒谓其第一神是释迦牟尼。我对于兹四人皆致敬礼，由是其中在天居高位而最真实者受我崇奉，求其默佑。"[①] 就中，当时在北方流行的最大道教支派全真教与佛教徒从金元之际以来，长期矛盾。蒙哥时期，举行了宗教辩论大会，由阿里不哥奉诏亲自主持，所有佛、伊斯兰、基督徒联合起来，攻击全真道。全真道失败而受到退还所占佛寺，一些道徒被勒令落发为僧。在忽必烈时期，这种矛盾仍然继续发展，1281年，又就《老子化胡经》等道家典藏的真伪问题进行了辩论，在帝师的批驳下，道徒辞屈。于是张易奏："参校道书，惟《道德经》系老子亲著，余皆

---

① 《马可波罗行纪》中册，第305页。

后人伪撰，宜悉焚毁。"① 全真道又一次遭受打击。但这只是教派之间的互相倾轧造成，就忽必烈本人而言，他对全真道实无任何恶感。因此全真教在忽必烈统治时期仍然照旧流行。而对一些民间流传的秘密宗教，蒙古统治者则敏锐地察觉它叛逆的危险性质而严予禁绝。

三、文化修养

除了蒙古语之外，忽必烈似乎不懂得其他语言（对所谓八思巴蒙文掌握到什么程度则不得而知）。但他可以用畏兀儿蒙文作书。

在汉文化的修养方面，忽必烈对儒经，特别是中国历史方面的知识是比较丰富的。从潜藩到至元初期，他经常通过侍从的儒臣讲解经义，相与讨论治道。他高兴地接受张德辉、元好问所奉赠的儒教大宗师尊号。为了多加了解，后来他开始通过侍从的儒士读经。《论语》《孟子》《大学》《中庸》《孝经》《书》《易》以及《大

---

① 《元史》卷11《世祖纪八》。

265

学衍义》诸书，他都通过耳受而广泛地有所了解。1264
年，他命商挺、姚枢、窦默、王鹗、杨果诸人纂《五经
要语》，凡二十八类①，以为读本。1266 年 12 月，忽必
烈亲遣近侍中都海涯谕诸儒臣："朕宜听何书？其议选
来进。"诸儒臣认为帝王之道为后世大法者，皆具《尚
书》，于是以《尚书》进讲②。1268 年 10 月，又敕从臣
秃忽思③等录《毛诗》《孟子》《论语》。在《论语·八佾
第三》有"子曰：夷狄之有君，不如诸夏之亡也"一
段文字，近侍中有认为这句话"若讪（讥刺）今日者"，
提议删去。忽必烈询之于贺胜。贺胜回答说："夫子为
当时言，距今二千余载，岂相及哉！且国家受天命为天
子，有天下，固当下比古之逖远小君而自居乎？"忽必
烈大以为然④，令不加删削。

前朝的历史事实是忽必烈主要的一种政治教科书。
忽必烈所经常听讲并且对他影响较大的大概是《大定

① 《元朝名臣事略》卷 11《参政商文宣公》。
② 《至正集》卷 44《敕赐经筵题名记》。
③ 即耶律希亮。《元史》卷 180 本传："生希亮于和林南之凉楼，曰秃忽
思。六皇后遂以其地名之。"凉楼，波斯语秃思忽。秃忽思当为秃思忽
的倒误。
④ 《元文类》卷 53《上都留守贺公墓志墓》。

266

治绩》与《资治通鉴》两种。忽必烈即位时，就命省臣编成《大定政要》。1261 年 4 月 6 日，忽必烈在开平召见诸宰执，诸宰执进呈《大定政要》，"因大论政务于上前，圣鉴英明，多可其奏"①。可以窥见，元初的政治设施，多是取金制为鉴戒而损益的。这部书大概就是1265 年 2 月，由王磐、徐世隆、王鹗署名呈进的《大定治绩》的初稿。该书的序言里说：金世宗时期，"时和岁丰，民物阜庶，鸣鸡吠犬，烟火万里，有周成康、汉文景之风。夫有以致之必有所以致之者，盖不徒然也。谨就《实录》中撮其成事一百八十余件，名为《大定治绩》，以备乙夜之览，其于圣天子稽古之方，不无万分之一助云"②。

《资治通鉴》也是忽必烈喜爱的读本。即使是在进讨阿里不哥的戎马倥偬之际，只要他稍得闲暇，便由贾居贞陈说；甚至在乘马途中，也讨论不辍。他命相威主持，经过长时间的努力，1282 年 4 月，刊行了畏兀儿蒙文《通鉴》。《贞观政要》亦是忽必烈所喜爱的读物，不忽木曾为他书《贞观政要》数十事以进。此外，许衡为

① 《中堂事记》。
② 《元文类》卷 32。

他编纂过有关唐虞以来嘉言善政一书；徐世隆也曾取尧舜禹汤为君之道编纂成书，并由安藏译写。忽必烈对于汲取历史经验始终持认真与力行的态度。出征云南前，姚枢为陈宋太祖遣曹彬取南唐，敕以毋嗜杀事。翌日，他坐在鞍上对姚枢说："汝昨夕言曹彬不杀者，吾能为之！吾能为之！"王思廉为读《通鉴》，至唐太宗有杀魏征语及长孙皇后进谏事。忽必烈听了很受感动，还特别令内官把王思廉引至皇后之前，演说这一段历史，使皇后也受到教育。早年的忽必烈，由于自己的身世、经历与抱负颇与唐太宗相似，因此他颇有意仿效唐太宗的为人行事。之后他存心灭南宋，所以又很关心取南唐的宋太祖。然而他真正作为鉴戒和楷模的是"小尧舜"金世宗，但金世宗终究只是领有北方的小朝廷，而忽必烈却自认为是大一统的中朝圣主，故很少提及。忽必烈对于汉族王朝的历史，汉人的伦理习俗，以及远及四方的地理风情都是相当熟悉的。赵孟頫入见忽必烈，忽必烈问他"汝赵太祖孙耶？太宗孙耶？"孟頫对以太祖十一世孙。忽必烈进一步问道："太祖行事，汝知之乎？"赵孟頫惶惑地回答说不知。忽必烈很自信地说："太祖行事，多可取者，朕皆知之。"不忽木在国学，许衡取上起唐虞，下迄辽金之帝王名谥、统系、岁年、在位久近编为课本教之，忽必烈曾以之对不忽木进行面试。可见他对历史确不限于泛泛的接触。为了了解各地的实际情况，"欲见万里如在目睫，以决其几"。忽必烈屡遣近侍亲信贺胜"乘传将指，遍历吐蕃、云南、广海之地，往返观察。军旅所及，必得其情以归报"[1]。马可波罗也记忽必烈"很喜欢知道各地的人情风俗"，马可波罗本人曾多次奉命出使，并以能详细地报告各地的情况而受宠任[2]。对儒经、历史以及四方人情风习的了解都为忽必烈的军政施为提供了可靠的根据和借鉴。因此，尽管他不懂得汉语，不谙汉文，但他仍然拥有足够的知识与手段，能够牢牢地控制和指挥这一套主要以汉文化为基础的官僚机器，使其按照自己的意志进行有效的运转。

四、军事指挥

忽必烈亲自指挥的战争并不多，一般来说，他的军事才能，更多地表现在战略上，而不在战术上。1253

---

[1] 《道园学古录》卷13《贺丞相神道碑》；卷18《贺丞相墓志铭》。
[2] 《马可波罗行纪》上册，第34～36页。

年伐云南之役，越雪山，过草地，践幽谷，历穷乡，艰难险阻，以至侍从多饥饿困惫。作为统帅，忽必烈的这种坚忍不拔、不畏万难的精神是值得佩服的。然而最令人惊叹的，还是从侧后对南宋迂回，以便一举灭宋的远大战略安排。我们至今仍然很难理解，蒙古军究竟如何能出此奇兵。根据《史集》，兵进云南这手高棋便是忽必烈首先提出，经过蒙哥批准的①。

1259 年进攻鄂州。忽必烈在 8 月中已得到蒙哥死去的消息。在这主丧国摇的时刻，他仍然不听谏阻，以偏师孤军，不当进而进。郝经就对他"自出师以来，进而不退"，表示很不理解。其实，从单纯军事观点看，忽必烈对于整个战争的败局和他自己孤军深入的危险是不会不清楚的。他之所以甘心冒险，出乎常情之外的不当进而进，不外乎三个方面的考虑：第一，原已被蒙哥褫夺了军权的忽必烈，必须利用这个机会，亲赴军前，才有可能掌握东路这一支军队，为下一步争夺汗位准备实力；第二，接应由云南北上，转战千里，处境危殆的兀良哈台军。这支军队中包括察合台之孙阿必失哈及左

① 《成吉思汗的继承者》，第 223 页。

手诸王 50 人 [1]。接应他们平安北返，就可以在即将举行的选举大汗的忽里台上得到他们的支持，造成自己竞选上的优势；第三，耻于无功而还。这在崇拜英雄主义的蒙古人中也有助于树立自己勇敢无畏的形象。可见，在这种貌似冒进的鲁莽行径后面，老谋深算的忽必烈实已从战略上着眼，为追求一个"大有为于天下"的宏大计划准备了切实的阶梯。

五、政治权谋

王恽《进呈世祖皇帝实录表》说，忽必烈的一生，"爰从潜邸，有志斯民。植根干而佐理皇纲，聘耆德而讲明治道。始平大理，再驾长江，过化存神，有征无战。迨其龙飞滦水，鼎定上都，革弊政以惟新，扩同仁而一视，规模宏远，朝野清明。内则肇建宗祧，创设台省，修举政令，登崇俊良；外则整治师徒，申严边将，布扬威德，柔服蛮羌。加以圣无不通，明靡不烛，守之以勤俭朴素，养之以慈惠雍和。收揽权纲，综核名实。赏罚

---

① 《成吉思汗的继承者》，第 248 页。

公而不滥，号令出以惟行。万汇连茹，群雄入彀。削平下土，统正中邦。慕义向风，声教暨朔南之暨；梯山航海，职贡无遐迩之殊。方且开学校而劝农桑，考制度而兴礼乐。国号体乾坤之统，书画焕奎璧之文。罄所有而酬战功，不待计而救民乏。听言择善，明德缓刑，敛福锡民，遇灾知惧。得《洪范》惟皇之理，过周宣修政之勤。以致时和岁丰，民安吏职"。"开天建极者三十五年，立经陈纪者二万余事。"不消说，《实录》上所记载的，照例都是谀词颂曲；而且，原记录已经不存，我们也已难于详论。不过，我们从他夺取汗位、建立元朝、统一全国的全部业绩中，仍然可以明显地看出他雄才大略的卓越政治家气概。把他和历史上所有大有作为的开国皇帝，如汉高祖、隋文帝、唐太宗、宋太祖、明太祖等相比，都在伯仲之间。他们的才略与成功固各有不同，但总的都属于第一流的创业之主，是毫无问题的。

他颇能纳谏。御史台初立，忽必烈谕御史大夫塔察儿说："台官职在直言，朕或有未当，其极言无隐，毋惮他人，朕当尔主。"[1]他自己曾自称："朕于廷臣有戁

<hr />

[1] 《元史》卷6《世祖纪三》。

直忠言，未尝不悦而受之；违忤者，亦未尝加罪。盖欲养忠直，而退谀佞也。"①他公开表示希望能有像魏征一样的诤臣。一次，他诏令凡犯盗者皆弃市，董文忠谏道："盗有强窃，赃有多寡，似难悉置于法。"②他发觉这个决定不妥，立刻收回。有猎人射死名驼，他一怒之下，令诛猎人。铁哥谏曰："杀人偿畜，刑太重。"他猛然惊醒说："误耶，史官必书。"③赶紧释放了猎人。近侍孛罗行道失次，撒蛮因其违礼而加拘禁。他知道后遽令释放。撒蛮进谏说："令自陛下出，陛下乃自违之，何以责臣下乎！"他很表赞许，说："卿言诚是也。"④至元一朝，虽然也没有强直的诤臣，也并无杀谏臣的事实，却有不少人因直言而终得忽必烈的重用。这在封建君主中也算是难得的。

对于百姓，在一般情况下，忽必烈是比较宽仁的。1279年5月，兀里养合带提议征北京、西京车牛运军粮。忽必烈责备说："民之艰苦，汝等不问，但知役民。

① 《元史》卷134《朵儿赤传》。

② 《元史》卷9《世祖纪六》。

③ 《元史》卷125《铁哥传》。

④ 《元史》卷119《脱脱传》。

使今年尽取之，来岁禾稼何由得种？其止之。"①1284年4月，火儿忽等所部民户告饥。他得到报告后，说："饥民不救，储粮何为？"②即令发粮万石赈之。1286年正月，憨答孙遣使奏军士疲乏，请验其虚实赈之。他回示说："比遣人往，事已缓矣！其使赡之。"③1290年10月，尚书省臣奏江阴等处大水为灾，流民45万。他立刻指示说："此亦何待上闻，当速赈之。"④1293年2月，回回孛可（意为力士）马合谋沙献大珠，索价数万锭。他拒不收受，说："珠何为！当留是钱以赒贫者。"⑤至元一代，朝廷用在赈灾方面的费用是不算少的。

在用人方面，忽必烈也表现为知人善任。八邻部伯颜，长于伊利汗国，被遣来元廷奏事，忽必烈一见则识其人才出众，留任为丞相，终于成为一代名臣。1278年任张弘范追击逃亡在闽广的宋卫王残部，特授以蒙古汉军都元帅之职。张弘范辞说："汉人无统蒙古军者，乞以蒙古信臣为首帅。"忽必烈用意深长地说："汝知

① 《元史》卷10《世祖纪七》。
② 《元史》卷13《世祖纪十》。
③ 《元史》卷14《世祖纪十一》。
④ 《元史》卷16《世祖纪十三》。
⑤ 《元史》卷17《世祖纪十四》。

而父（张柔）与察罕之事乎？其破安丰也，汝父欲留兵守之，察罕不从。师既南，安丰复为宋有，进退几失据，汝父深悔恨，良由委任不专故也，岂可使汝复有汝父之悔乎？今付汝大事，能以汝父之心为心，则予汝嘉。"且赐以剑，说："剑，汝之副也，不用令者，以此处之。"[①]刘整图襄樊，宋人设计反间，忽必烈坚不为动，任之不疑。这都说明他不仅能识人才，而且也能尽人才，甚至能破格任用，使他们得以施展所能，不受牵制，以完成所赋予的任务。

《元史·世祖纪赞》说："世祖度量弘广，知人善任使，信用儒术，用能以夏变夷，立经陈纪，所以为一代之制者，规模宏远矣！"这是汉人封建正统史学家的评语，他们强调所谓"用夏变夷"，是从大汉族主义出发的。他们当然不了解忽必烈采行汉法的实质与必然性、进步性以及它的有限性。17世纪蒙古族史学家萨囊彻辰记成吉思汗遗言，有云："幼年忽必烈之言，足使吾人注意。其言谨慎，汝辈尽应知之。彼将有一日据吾宝座，使汝辈将来获见一种命运，灿烂有如我在生之

---

① 《元史》卷156《张弘范传》。

时。"① 这一段神话式的预言，反映了古时蒙古人对忽必烈的看法，他们认为忽必烈和成吉思汗一样，是蒙古族光辉历史的缔造者。与忽必烈同时的马可波罗，认为他是"人类元祖阿聃以来迄于今日世上从来未见广有人民、土地、财货之强大君主"②。稍后的伊利汗国史学家瓦撒夫说："自我国（伊利汗国）境达于蒙古帝国之中心，有福皇帝公道可汗驻在之处，路程相距虽有一年之远，其丰功伟业传之于外，致达于吾人所居之地。其制度法律，其智慧深沉锐敏，其判断贤明，其治绩之可惊羡，据可信的证人，如著名商贾、博学旅人之言，皆优出迄今所见的伟人之上。仅举其一种功业，一段才能例之，已足使历史中之诸名人黯淡无色。若罗马之诸恺撒，波斯之诸库萨和，支那之诸帝王，阿剌壁之诸开勒，耶门之诸脱拔思，印度之诸罗阇，萨珊、不牙两朝之君主，塞勒柱克朝之诸算端，皆不足道也。"③ 这两个人的说法反映了当时西欧和西亚人对忽必烈的崇敬，其

---

① 《蒙古源流》卷4。
② 《马可波罗行纪》中册，第286页。
③ 玉耳《马可·波罗》，转引自冯译《马可波罗行纪》中册，第286页注二。

中也明显地夹杂有过分的颂扬与阿谀。他们当然都不可能对忽必烈的历史地位与作用做出正确的评价。但是，忽必烈是一个伟大的历史人物，这一点是千古无异词的。